Gregor Emmenegger (Hg.)
Die Zeit kommt, da die Menschen verrückt werden

T V Z

Glaube heute

Herausgegeben von
Silvianne Aspray-Bürki, Oliver Dürr, Ralph Kunz,
Christine Schliesser, Martin Schmidt, Andreas Steingruber
und Matthias Zeindler.

Die Buchreihe «Glaube heute» ist eine Initiative des
Zentrums Glaube & Gesellschaft an der Universität
Fribourg. In der Reihe erscheinen Beiträge zu einer zeitgemässen christlichen Glaubenspraxis für eine breite
Öffentlichkeit. Dazu gehören neben Neuerscheinungen,
Übersetzungen aus anderen Sprachräumen und Neuauflagen vergriffener Klassiker, die mit gut verständlichen
Texten Orientierung für ein selbstbewusstes, offenes
Christsein in der heutigen Zeit geben.

Gregor Emmenegger (Hg.)

Die Zeit kommt, da die Menschen verrückt werden

Ausgewählte Sprüche
der Wüstenväter und -mütter

Eingeleitet, übertragen und kommentiert
von Gregor Emmenegger

TVZ
Theologischer Verlag Zürich

Publiziert mit freundlicher Unterstützung
der Reformierten Kirchen Bern-Jura-Solothurn,
der Evangelisch-reformierten Kirche des Kantons St. Gallen,
der Landeskirchlichen Gemeinschaft *jahu*
sowie dem Hochschulrat der Universität Freiburg Schweiz.
Die Bibelstellen sind nach der Zürcher Bibel (2007) zitiert
© 2007, Zürcher Bibel / Theologischer Verlag Zürich.

Der Theologische Verlag Zürich wird vom Bundesamt für Kultur
für die Jahre 2021–2024 unterstützt.

Bibliografische Informationen der Deutschen Nationalbibliothek
Die Deutsche Nationalbibliothek verzeichnet diese Publikation
in der Deutschen Nationalbibliografie; detaillierte bibliografische Daten
sind im Internet über http://dnb.dnb.de abrufbar.

Umschlaggestaltung
Simone Ackermann, Zürich

Druck
gapp print, Wangen im Allgäu

ISBN 978-3-290-18661-6 (Print)
ISBN 978-3-290-18673-9 (E-Book: PDF)

© 2024 Theologischer Verlag Zürich
www.tvz-verlag.ch

Alle Rechte, auch die des auszugsweisen Nachdrucks, der
fotografischen und audio-visuellen Wiedergabe, der elektronischen
Erfassung sowie der Übersetzung, bleiben vorbehalten.

Inhalt

Vorwort der Reihenherausgeber *7*

Vorwort *11*

«Was muss ich tun, um gerettet zu werden?»
Eine Einführung in die Spiritualität der Wüste *15*

Von der Nachfolge *43*

In der Stille *51*

Über das Gebet *59*

Von der Geduld *65*

Über die Demut *69*

Von der Freude *75*

Das geistliche Training (Askese) *79*

Über den Gehorsam *89*

Von der Begleitung *97*

In der Gemeinschaft *103*

Über den geistlichen Kampf *119*

Vom Sterben   *129*

Begriffserklärungen   *135*

Bücher zum Thema   *147*

Zu dieser Sammlung   *155*

Zeittafel   *157*

Vorwort der Reihenherausgeber

Es gibt Texte, die ihre Zeit überdauern. Die gesammelten Aussprüche der Wüstenväter und Wüstenmütter gehören zu dieser Gattung. Natürlich kann man fragen: Was haben wir gemeinsam mit asketisch lebenden Radikalen aus der ägyptischen Wüste im ersten Jahrtausend? Haben uns ihre Sprüche und ihre Weisheit im 21. Jahrhundert noch etwas zu sagen? Können sie uns helfen, den Glauben heute, das heisst in einer säkular, naturwissenschaftlich und technisch geprägten Kultur, zu leben? Ganz im Geiste der Wüstenväter und Wüstenmütter überlassen wir es gerne unseren Leserinnen und Lesern, in der Lektüre diese Fragen für sich zu beantworten.

In der Geschichte des Christentums hat sich die Weisheit der Wüstenväter und Wüstenmütter jedenfalls bewährt. Über die Jahrhunderte hinweg haben diese Texte immer wieder Menschen inspiriert und sie sind zur Quelle spiritueller Erneuerung geworden. Faszinierenderweise haben die Wüstenväter und Wüstenmütter aber keine allgemeinen Theorien über das Leben aufgestellt. Ihre Einsichten sind nicht abstrakt und allgemeingültig, so wie ein mathematisches Axiom, das damals wie heute gilt. Vielmehr liegt das inspirierende Geheimnis dieser Texte darin, dass sie nicht nur zutiefst geistlich, sondern auch zutiefst menschlich sind. Sie sind von Menschen und für Menschen geschrieben und sprechen in ganz spezifische Lebenssituationen hinein. Ganz konkret führen sie diese Menschen in Kontakt mit der Quelle allen Lebens.

Entsprechend sind uns von den Wüstenvätern und -müttern keine systematischen Traktate oder Bücher überliefert, sondern situative Aussprüche, Dialoge, Gleichnisse und sogar praktische Übungen. Teilweise widersprechen sich diese Ratschläge sogar. Der Grund dafür ist schlicht, dass für verschiedene Menschen in unterschiedlichen Situationen nicht immer dasselbe gilt. In allem war den Wüstenvätern und Wüstenmüttern aber die Heilige Schrift die zentrale Orientierungsgrösse. Denn auch von Jesus haben wir keine systematische Lehre geerbt. Er redet in den Evangelien vielmehr in Gleichnissen. Nach diesem Vorbild handelten auch die Geistlichen aus der Wüste: Sie gaben kernige, herausfordernde und teils paradoxe Antworten und leiteten die Hilfesuchenden an, sich selbst zu reflektieren und einen stimmigen Sinn zu finden. Damit zeigt sich eine hohe Wertschätzung des einzelnen Menschen, seiner spezifischen Situation und seelischen Verfassung. Eine Antwort auf eine Frage musste auf ein konkretes Leben abgestimmt sein und konnte nur von der betroffenen Person selbst in die Tat umgesetzt werden. Freilich sind Christenmenschen dann in der Umsetzung nicht auf sich allein gestellt. Als Teil der Kirche leben sie in Gemeinschaft mit allen, die Gott den Vater auf dem Weg der Christusnachfolge suchen.

Damit das gelingt, muss sich der Mensch allerdings selbst auf die Schliche kommen und sich mit dem Innenleben seiner Seele beschäftigen. Welche Illusionen und Selbsttäuschungen, die uns von diesem Weg abbringen, gilt es zu durchschauen, und wie können wir ihnen entgegenwirken? Hier liegt die erstaunliche Aktualität dieser Texte: Schliesslich sind wir heute mit denselben urmenschlichen Herausforderungen der Seele konfrontiert, mit denen Menschen damals schon gekämpft haben. Die Umstände mögen sich gewandelt haben, aber Arroganz, Neid, Geltungsdrang, Zorn, Selbstmitleid, Überdruss, Habgier, Fresssucht und ungezügelte Lust gehören immer noch zur – oftmals leidvollen – Grunderfahrung des Menschseins.[1] Von alledem können wir frei werden, das ist das Versprechen aus der Wüste. Der Weg dorthin ist aber kein leichter und vielleicht ist es in gewisser Hinsicht auch ein verrückter Weg – allerdings dürfte sich auf diesem Weg auch unser Verständnis davon, was verrückt ist, noch ändern.

Die Reihe «Glaube heute» hat sich zum Ziel gesetzt, Wege aufzuzeigen, wie ein lebendiger, reflektierter und mündiger Glaube heute entdeckt und gelebt werden kann. Insofern ist das vorliegende Buch eine Einladung, sich mit diesen provokativen Texten auseinanderzusetzen. Wir freuen uns, dass Gregor Emenegger uns diesen Schatz nahe bringt. Und wir sind davon überzeugt, dass die Weisheit der Wüste eine wichtige Ressource für ein Leben in den Hochs und Tiefs unserer spätmodernen Gegenwart werden kann.

Pfingsten 2024

Silvianne Aspray-Bürki
Oliver Dürr
Ralph Kunz
Christine Schliesser
Martin Schmidt
Andreas Steingruber
Matthias Zeindler

---

[1] In etwa so wurden sie später in unterschiedlichen Varianten systematisiert, etwa durch Evagrios Pontikos oder Johannes Cassian, vgl. Gregor Emmenegger, «Komm, folge mir nach!» Zu den Wurzeln christlicher Spiritualität, in: Oliver Dürr / Ralph Kunz / Andreas Steingruber (Hg.), «Wachet und betet». Mystik, Spiritualität und Gebet in Zeiten politischer und gesellschaftlicher Unruhe (Studia oecumenica fribourgensia 105), Münster 2021, 273–292.

Vorwort

> Die Zeit kommt, da die Menschen verrückt werden,
> und wenn sie jemanden sehen, der nicht verrückt ist,
> werden sie ihn beschimpfen und sagen:
> Du bist verrückt, weil du nicht bist wie wir!

Verrückt waren sie, die Männer und Frauen, die sich vor mehr als 1500 Jahren in die ägyptische Wüste zurückzogen. Völlig besoffen von Gott, so skizziert sie der französische Schriftsteller Jacques Lacarrière.[2] Er spielt damit auf das Pfingstereignis an (Apg 2,13), wo die in vielen Sprachen redenden Jüngerinnen und Jünger als «voll des süssen Weines» verspottet werden – was Petrus vehement bestreitet: Ursache ist nicht der Wein, sondern der Heilige Geist. «Nüchterner Rausch» ist die Kurzformel für Spiritualität, die der jüdische Gelehrte Philon von Alexandrien geprägt hat. Bei den von Gott Begeisterten, so schreibt er, sind Seele und Leib so erregt, dass die Unwissenden nicht ganz zu Unrecht meinen, diese eigentlich Nüchternen seien betrunken.[3] Gut möglich, dass der Evangelist Lukas in seinem Pfingstbericht darauf Bezug nimmt, denn Philons Werke

---

2 Vgl. Jacques Lacarrière, Les hommes ivres de Dieu, Paris 1975. Dt. Die Gott-Trunkenen, Wiesbaden 1967.
3 Vgl. Philon von Alexandrien (ca. 15 v. Chr.–40 n. Chr.), Über die Trunkenheit / De ebrietate, 145.

waren eine beliebte Lektüre der griechischsprachigen Christinnen und Christen.

Philons Bild vom nüchternen Rausch begleitet die Christenheit seither. In einem beliebten Morgenlied aus dem 4. Jahrhundert heisst es in Anlehnung an Joh 6,55:[4]

> Christus sei unsere Speise,
> und der Glaube unser Trank.
> Lasst uns fröhlich den nüchternen
> Rausch des Heiligen Geistes trinken.

So ist es nicht verwunderlich, dass die Wüstenväter und -mütter in der Tradition als «Gotttrunkene», aber auch als «Nüchterne Väter» oder «Väter der heiligen Nüchternheit» bezeichnet werden.

> Einmal kamen Leute zu Abba Ammonas, er solle in einem Streitfall entscheiden. Aber der Alte stellte sich dumm. Da sagte eine Frau: «Dieser Alte ist verrückt!» Der Greis hörte es und erwiderte: «Wie viel Mühe habe ich mir in der Einsamkeit gegeben, um diese Verrücktheit zu erlangen und wegen euch soll ich sie verlieren?»

Nüchterne Gottestrunkenheit charakterisiert treffend ihre Sprüche und Geschichten, von denen eine Auswahl in diesem Buch vorgestellt wird. In dieser paradoxen Spannung liegt neben der historischen Distanz auch der Grund dafür, dass sich viele Sprüche nicht immer ohne Weiteres erschliessen. Es ist wie mit dem Brot der Wüstenväter: Es lagerte monatelang und wurde steinhart. Vor dem Verzehr musste es in Wasser eingeweicht und sorgsam gekaut werden, damit man sich nicht die Zähne daran ausbiss.

---

4 Es handelt sich um die sechste Strophe aus dem Hymnus «Splendor paternae gloriae» von Ambrosius von Mailand (339–397): «Christusque noster sit cibus, potusque noster sit fides, laeti bibamus sobriam ebrietatem spiritus.»

Vorwort

Ein Altvater und sein Schüler kamen zu einer Frauengemeinschaft. Die Schwestern wollten sie nicht empfangen, doch der Altvater verwies auf seinen grossen Namen, und so wurden sie zum Essen eingeladen. Der Abba erhielt altes Brot und eine Schale mit Wasser zum Einweichen. Seinem Schüler brachte man Linsenbrei, ein kleines Brot und ein Getränk. Die Schwestern setzten sich selbst Essen im Überfluss vor, auch Fisch und Wein. Sie assen schweigend. Danach sagte der Altvater zur Leiterin: Was soll das? Wir sind es, die gut hätten essen müssen! Die Amma sagte ihm: Du bist Mönch, und du hast Essen für einen Mönch bekommen. Dein Schüler ist Schüler eines Mönches, und ich habe ihm entsprechend gebracht. Wir aber sind Anfängerinnen, und so haben wir gegessen! Der Alte sagte ihr: Danke! Dieses Essen werden wir nicht vergessen.

Natürlich könnte man aus den Sprüchen auch geistliche Schonkost machen, indem man nur harmlose und leicht verständliche Texte auswählt. Eine solche Sammlung wäre vielleicht leicht verdaulich, würde aber den Wüstenvätern nicht gerecht. Deshalb enthält dieses Buch eine inhaltlich und thematisch breit gefächerte Auswahl von Sprüchen – wohl wissend, dass manches sperrig und schwer im Magen liegt.

Um diese harte Kost für Anfängerinnen und Anfänger etwas bekömmlicher zu machen, folgt eine Einführung in die Spiritualität und den historischen Kontext der Wüstenväter und -mütter. Am Ende des Buchs finden sich ein Glossar mit den wichtigsten Begriffen, eine kommentierte Leseliste für weitere Studien und Hinweise zu den Quellen dieser Sammlung.

«Was muss ich tun, um gerettet zu werden?» Eine Einführung in die Spiritualität der Wüste

Menschen, die ernst mit ihrem Glauben machen wollen und nach einer Art «höheren Frömmigkeit» suchen, haben von Jesus klare Anweisungen erhalten, was zu tun sei:[5]

> Da kam einer zu ihm und sagte: Meister, was muss ich Gutes tun, um ewiges Leben zu erlangen? Er sagte zu ihm: Was fragst du mich nach dem Guten? Einer ist der Gute. Willst du aber ins Leben eingehen, so halte die Gebote. Da sagte er zu ihm: Welche? Jesus sagte: Du sollst nicht töten, du sollst nicht ehebrechen, du sollst nicht stehlen, du sollst nicht falsches Zeugnis ablegen, ehre Vater und Mutter (Ex 20,12–16); und: Liebe deinen Nächsten wie dich selbst (Lev 19,18). Da sagte der junge Mann zu ihm: Das alles habe ich befolgt. Was fehlt mir noch? Da sagte Jesus zu ihm: Willst du vollkommen sein, so geh, verkaufe deinen Besitz und gib ihn den Armen, und du wirst einen Schatz im Himmel haben, und komm und folge mir! (Mt 19,16–21)

Jesus unterscheidet hier zwischen einer auferlegten Pflicht (die zehn Gebote, das Liebesgebot) und einer freien Wahl für jene, die mehr tun wollen. Diese freiwillige Vollkommenheit

---

[5] Diese Einleitung basiert auf folgenden zwei Artikeln: Gregor Emmenegger, «Komm, folge mir nach!» Zu den Wurzeln christlicher Spiritualität, in: Oliver Dürr / Ralph Kunz / Andreas Steingruber (Hg.), «Wachet und betet». Mystik, Spiritualität und Gebet in Zeiten politischer und gesellschaftlicher Unruhe (Studia oecumenica fribourgensia 105), Münster 2021, 265–284 und Gregor Emmenegger, Alternative christliche Lebensformen im Wandel der Zeit, in: Detlef Hecking (Hg.), Von Kloster bis Kommune. Gemeinsam nachhaltig leben, Zürich 2023, 31–48.

besteht aus zwei Elementen: zuerst in der Absage an die Welt um des Himmelreiches willen («verkaufe, was du hast»), und zweitens in der konkreten Nachfolge Christi. Das zweite Element, die Nachfolge, bedingt das erste, den Verzicht, und der Verzicht macht nur im Hinblick auf die Nachfolge Sinn. Wer über die ethischen Grundanforderungen hinaus Christus nachfolgen will, muss bereit sein, die zurückbindenden weltlichen Verstrickungen und Sicherheiten zu lösen.[6] Die beiden Aspekte sollen im Folgenden entfaltet werden. Wir werden sehen, dass sich der Verzicht zur sogenannten «Askese», und die Nachfolge zur «Mystik» entwickeln wird.[7]

1. Leben und Sterben wie Christus

Frühe christliche Spiritualität fokussiert darauf, Christus in allem nachzufolgen. Diese Vorstellung spielt in den Texten des Neuen Testaments und in den ersten Jahrhunderten eine zentrale Rolle.

Abba Paulos sagte immer: Folge Jesus!

---

6   Mt 10,37–39; 19,29; Mk 10,29–30; Lk 14,26.

7   Die beiden Standardwerke zur Geschichte der christlichen Spiritualität stammen vom Schweizer Altgermanisten Kurt Ruh und vom amerikanischen Kirchenhistoriker Bernard McGinn. Die zwar in vielem etwas veraltete Überblicksdarstellung von Marcel Viller, die Karl Rahner ins Deutsche übersetzte, bietet nach wie vor eine leicht zugängliche Einführung ins Thema. Kurt Ruh, Geschichte der abendländischen Mystik. 4 Bde., München 1990–1999; Bernard McGinn, The Presence of God. A History of Western Christian Mysticism. 4 vol., New York 1991 (Dt. Die Mystik im Abendland, 4 Bde., Freiburg i. Br. 2010). Marcel Viller, La spiritualité des premiers siècles chrétiens, Paris 1930 (Dt. Karl Rahner, Aszese und Mystik in der Väterzeit. Ein Abriss der frühchristlichen Spiritualität, Freiburg i. Br. 1939).

«Was muss ich tun, um gerettet zu werden?»

Ein Blick in den historischen Kontext hilft, die damalige Form der Christusnachfolge und den weiteren Verlauf der Spiritualitätsgeschichte zu verstehen. Das Christentum begann als eine jüdische Splittergruppe, die schnell von den Behörden als gesellschaftsgefährdend eingestuft wurde. Bis zur Mailänder Vereinbarung im Jahr 313, als das Christentum den Status einer erlaubten Religion erhielt, war die Mitgliedschaft verboten. In unzähligen regionalen und zwei reichsweiten Verfolgungswellen ging man gegen diesen «Aberglauben» vor. Tertullian, ein nordafrikanischer Christ, bringt um das Jahr 180 das Lebensgefühl seiner Mitgläubigen so zum Ausdruck:

> Wenn der Tiber die Mauern überströmt,
> wenn der Nil die Felder nicht flutet,
> wenn der Himmel sich nicht rührt,
> wenn die Erde sich bewegt,
> wenn eine Hungersnot,
> oder eine Seuche wütet,
> gleich schreit man:
> Die Christen vor einen Löwen!
> So viele vor einen einzigen?[8]

Das Bewusstsein, dass ihre Christusnachfolge lebensgefährlich ist, prägte die frühen Christinnen und Christen. Jesus selbst war am Kreuz hingerichtet worden. Ihm nachzufolgen bedeutete folglich, für ihn ebenfalls bis in den Tod zu gehen. Die enge Verbindung von Martyrium und Nachfolge ist Gegenstand zahlreicher Stellen im Neuen Testament:

---

8 Tertullian, Apologeticum 40: Tobias Georges, Tertullian, Apologeticum = Verteidigung des christlichen Glaubens (FC 62), Freiburg i. Br. 2015, 244–245. Viele der im Folgenden erwähnten Texte sind in einer älteren Version auf der Website «Bibliothek der Kirchenväter» zu finden: https://bkv.unifr.ch.

> Simon Petrus sagt zu ihm: Herr, wohin gehst du? Jesus antwortete ihm: Wo ich hingehe, dahin kannst du mir jetzt nicht folgen; du wirst mir aber später folgen. Petrus sagt zu ihm: Herr, warum kann ich dir jetzt nicht folgen? Mein Leben will ich für dich einsetzen. Jesus antwortet: Dein Leben willst du für mich einsetzen? Amen, amen, ich sage dir: Der Hahn wird nicht krähen, bevor du mich dreimal verleugnet hast. (Joh 13,36–38)

Die Gewissheit, dass die Nachfolge Christi bis zum Tod führen kann, prägte auch die Weise, wie in christlichen Gemeinschaften die Bibel verstanden wurde. Ausdrücke wie «das Leben hingeben», «Zeuge sein» wurden unmittelbar auf das Martyrium bezogen.

> Das ist mein Gebot: Dass ihr einander liebt, wie ich euch geliebt habe. Niemand hat grössere Liebe als wer sein Leben einsetzt für seine Freunde. Ihr seid meine Freunde, wenn ihr tut, was ich euch gebiete. (Joh 15,12–14)

Ein wahrer Freund Christi ist jemand, der sein Leben für ihn hingibt. Deshalb bezeichnet das griechische Wort μάρτυς [Martys] «Zeuge», eben nicht irgendeinen Glaubenszeugen, sondern nur den vollkommenen Nachfolger Christi, den Märtyrer.[9]

---

9 Im Blick auf die heute oft missbräuchliche Verwendung des Begriffs «Märtyrer» ist es wichtig, hier kurz zu definieren, was mit dem Ausdruck gemeint ist. Ein christlicher Märtyrer ist jemand, der unverschuldet und einzig wegen seines Glaubens getötet wird. Eine lebensmüde Christin, die sich selbst anzeigt, ist keine Märtyrerin. Das gilt ebenso für jemanden, der anstelle des geforderten Kaiseropfers die Götterstatue umstösst oder Gewalt gegen die Polizei anwendet. Nur wer ohne andere Vergehen einzig wegen der Liebe zu Christus getötet wird, kann eine wahrhafte Zeugin sein. In der Antike werden mehrere Punkte diskutiert, so, ob man in der Verfolgung fliehen darf, oder ob man sich im Gefängnis selbst töten darf,

Die Tatsache, dass das Christsein an sich schon lebensgefährlich war, förderte die Einsicht, dass vollkommene Nachfolge Christi bis zum Tod gehen müsse. Das Martyrium nahm einen zentralen Platz in der theologischen Diskussion ein. Es wurde erörtert, was genau geschieht, wenn jemand für Christus stirbt. Nach 1Petr 4,1 werden dem Märtyrer die Sünden vergeben, woraus sich die Lehre der «Bluttaufe» entwickelte: Eine ungetaufte Märtyrerin (wie Perpetua, von der gleich die Rede sein wird) wird mit ihrem eigenen Blut getauft. Da sie ohne Sünde stirbt, kommt sie direkt ins Paradies, was man durch Offb 6,9 bestätigt sah. In Mt 10,17–23 verheisst Jesus den Märtyrern, dass sie keine Verteidigungsrede vorzubereiten brauchen, weil der Heilige Geist durch sie sprechen werde. Sie sind also geistbegabte Charismatiker, die Visionen und Prophezeiungen empfangen.

Zwei weitere Argumente sind von grosser Bedeutung. Die Apostelgeschichte berichtet vom Wirken des Stephanus. Kurz vor seinem Tod hat der erste Märtyrer eine «Visio Dei», eine Schau Gottes:

> Er aber, erfüllt von heiligem Geist, blickte zum Himmel auf und sah die Herrlichkeit Gottes und Jesus zur Rechten Gottes stehen. Und er sprach: Ja, ich sehe die Himmel offen und den Menschensohn zur Rechten Gottes stehen. Sie aber überschrien ihn, hielten sich die Ohren zu und stürzten sich vereint auf ihn. Sie stiessen ihn aus der Stadt hinaus und steinigten ihn. (Apg 7,55–58)

Wer also für Christus stirbt, wird nicht nur mit Heiligem Geist erfüllt, sondern sieht Gott selbst. Das zweite Argument geht noch einen Schritt weiter. Es stützt sich auf Stellen wie Gal 2,20: «Nicht mehr ich lebe, sondern Christus lebt in mir», Eph 3,17: «Christus wohnt durch den Glauben in euren Herzen» und Joh 14,20: «An jenem Tag werdet ihr erkennen,

---

um zu verhindern, dass man unter Folter Namen von Mitgläubigen preisgibt. Beides wird in der Regel mit ja beantwortet.

dass ich in meinem Vater bin und ihr in mir und ich in euch». Für Christinnen und Christen der ersten Jahrhunderte war klar, dass mit «jenem Tag» nicht irgendein Tag gemeint sein konnte. Sie bezogen diesen Vers auf das Martyrium und schlossen daraus, dass im Märtyrertod eine «Unio», ein Einswerden mit Christus zustande komme. Beide Elemente, die «Visio Dei» und die «Unio», spielen in den erhaltenen Texten aus dieser Zeit eine zentrale Rolle. So berichtet die Märtyrerakte der Perpetua und der Felicitas von der Verurteilung und Hinrichtung einer Gruppe Christinnen und Christen in Nordafrika zu Beginn des dritten Jahrhunderts. Viel Raum nehmen dabei die Visionen und Prophezeiungen ein, die den beiden Märtyrerinnen zuteilwurden. Unter anderem wird berichtet, wie die zum Tode verurteilte Felicitas im Gefängnis ein Kind zur Welt bringt. Ein Wächter verhöhnt die Gebärende: Wie wird sie später in der Arena brüllen, wenn sie jetzt schon in den Wehen so schreit! Sie antwortet dem Kerkermeister:

> Jetzt leide ich, was ich leide,
> dort aber wird ein anderer in mir sein,
> der für mich leidet, weil auch ich für ihn leide.[10]

Damit ist die Grundhaltung urchristlicher Spiritualität umrissen: Es geht um eine gelebte Nachfolge Christi, über den leiblichen Tod hinaus. Wer Christ oder Christin werden will, muss bereit sein, dafür mit dem Leben zu bezahlen. Wer jedoch für den Herrn stirbt, geht ein ins Paradies, wird Gott schauen, ja wird eins mit Christus.

---

10 Martyrium der Perpetua und Felicitas 15: Peter Habermehl, Perpetua und der Ägypter (TU 140), Berlin 1995, 20–21. Zur Märtyrertheologie vgl. Hans von Campenhausen, Die Idee des Martyriums in der Alten Kirche, Göttingen ²1964 und Theofried Baumeister, Die Anfänge der Theologie des Martyriums, Münster 1980.

Im Jahre 177 wird in Lyon eine Gruppe von Frauen und Männern verhaftet und zum Tode verurteilt, weil sie sich zum Christentum bekennen. Im Amphitheater, wo die Hinrichtung stattfindet, haben es die Folterknechte besonders auf die junge Sklavin Blandina abgesehen, die sie quälen. Den anderen Verurteilten – sie nennen sich «Athleten» – macht Blandinas Standhaftigkeit Mut.

> Blandina wurde gefesselt und an einen Pfahl gebunden, um von den Tieren, die auf sie gehetzt wurden, zerfleischt zu werden: Sie so in Form eines Kreuzes gebunden zu sehen und sie laut beten zu hören, gab den Athleten grossen Mut. In diesem Kampf sahen ihre Mitgläubigen mit ihren äusseren Augen in der Schwester den, der für sie gekreuzigt wurde. So überzeugte sie die Gläubigen, dass jeder, der um der Herrlichkeit Christi willen leidet, für immer die Einheit mit dem lebendigen Gott hat.[11]

Eine Märtyrerin wie Blandina stellte die vollkommene Christin dar, weil sie erreicht hat, wozu alle berufen sind: eine vollkommene Nachfolge. Daraus erklärt sich auch die grosse Bedeutung der Märtyrer in der christlichen Kunst und Liturgie.

Aber was ist mit denen, die nicht den Märtyrertod sterben? Sehr bald setzt sich die Erkenntnis durch, dass Nachfolge ein lebenslanger Prozess ist. Es geht nicht darum, für Christus das Leben zu verlieren, sondern vielmehr darum, es für ihn zu gewinnen. Man soll nicht sterben wie die Märtyrer, sondern leben wie sie: bereit, in der Nachfolge Christi alle Sicherheiten dieser Welt aufzugeben. Der Hebräerbrief gebraucht dafür ein Bild, das den Christinnen und Christen damals lieb und teuer war:

---

11 Eusebius von Cäsarea, Kirchengeschichte, 5, 1, 41: Gustave Bardy, Eusèbe de Césarée. Histoire ecclésiastique 2, Livres V–VII (SC 41), Paris 1955, 17.

> Darum wollen denn auch wir, die wir von einer solchen Wolke von Zeugen umgeben sind, alle Last ablegen und die Sünde, die uns so leicht umgarnt. Wir wollen mit Ausdauer laufen in dem Wettlauf, der noch vor uns liegt, und hinschauen auf den, der unserem Glauben vorangeht und ihn vollendet, auf Jesus, der im Blick auf die vor ihm liegende Freude das Kreuz erduldet, die Schande gering geachtet und sich zur Rechten des Thrones Gottes gesetzt hat. (Hebr 12,1–2)

Im ersten Satz steht das Wort μάρτυς [Martys], das in den meisten deutschen Bibelausgaben mit Zeugen übersetzt wird. In den Augen der verfolgten Christenheit konnten damit nur die Märtyrer gemeint sein. Der Verfasser führt uns mit in ein römisches Amphitheater: Schauplatz sportlicher Wettkämpfe, aber auch Hinrichtungsstätte. Doch diesmal sitzen die Märtyrer oben in der Tribüne als jubelnde Zuschauer und wir Lebenden sind unten in der Arena. Ein Wettlauf findet statt. Zuerst müssen wir alles ablegen, was uns am Laufen hindert – Sport wird in der Antike nackt betrieben. Dann sprintet Christus voraus, wir alle laufen hinterher.

Sportbilder sind im frühen Christentum beliebt. Auch die Märtyrerin Perpetua hat vor ihrem Tod eine Vision von einem Boxkampf mit dem Teufel. Mit gezielten Faustschlägen streckt sie ihren Widersacher zu Boden und erhält schliesslich vom Schiedsrichter Christus einen Lorbeerkranz als Siegestrophäe. Schon Paulus schrieb an die Korinther:

> Ihr wisst doch: Die Läufer im Stadion, sie laufen zwar alle, den Siegespreis aber erhält nur einer. Lauft so, dass ihr den Sieg davontragt! Wettkämpfer aber verzichten auf alles, jene, um einen vergänglichen Kranz zu erlangen, wir dagegen einen unvergänglichen. Ich laufe also, aber nicht wie einer, der ziellos läuft, ich boxe, aber nicht wie einer, der ins Leere schlägt; vielmehr traktiere ich meinen Körper und mache ihn mir gefügig, denn ich will nicht einer werden, der anderen predigt, sich selber aber nicht bewährt. (1Kor 9,24–27)

Dieser Kranz, die Goldmedaille der Antike, wird so oft erwähnt, dass er in der christlichen Kunst allgemein zum Attribut der Märtyrer wird. Eine weitere vorherrschende Metapher stammt aus dem Sport: Wer wie die Märtyrer Christus nachfolgen und den Siegeskranz erringen will, muss das tun, was Sportler tun, wenn sie gewinnen wollen: Trainieren! Das griechische Wort für Trainieren lautet ἀσκέω [askeo] und jemand, der trainiert, ist ein Asket. Das hat nichts mit Hungerübungen zu tun, sondern mit Erziehung und Unterwerfung des Leibes, wie Paulus sagt. Denn Nachfolge muss geübt werden, und wir müssen das, was uns unnötig beschwert, ablegen (Askese), damit wir uns ganz auf Christus ausrichten können (Mystik).

> Ein Altvater sagte: «Oftmals hört man unter euch: ‹Wo gibt es Verfolgung, damit ich mich dem Martyrium hingebe?› Gib dich dem Martyrium des Gewissens hin, stirb der Sünde, ertöte, was an dir noch irdisch ist, und du bist zum Märtyrer der Absicht nach geworden!»

Die Praxis des christlichen Trainings entwickelte sich im ersten und zweiten Jahrhundert und bereitete im dritten Jahrhundert das Mönchtum vor, das ab 250 in Ägypten entstand.

2. Entschiedene Nachfolge für alle: das Mönchtum

In die Zeit der ersten Blüte des christlichen Mönchtums fällt die sogenannte konstantinische Wende. Mit der Mailänder Vereinbarung von 313 beendeten die Kaiser Konstantin und Licinius die Christenverfolgung. Bald wurde die Kirche privilegiert und das Christentum wird innerhalb weniger Jahrzehnte zur einzigen offiziellen Religion des Römischen Reiches.

«Was muss ich tun, um gerettet zu werden?»

In populärwissenschaftlichen Werken wird das Mönchtum gerne mit diesem Wandel erklärt: Die Mönche seien in die Wüste gegangen, weil sie von der Reichskirche und ihren Klerikern angewidert gewesen seien. Das ist, um es klar zu sagen, Unsinn. Aus Abscheu vor dem Verhalten eines Bischofs oder eines Pfarrers ist noch nie jemand Mönch oder Nonne geworden. Die Klöster des 21. Jahrhunderts müssten aus allen Nähten platzen angesichts der Heerscharen unzufriedener Katholikinnen und Katholiken, die es heute gibt. Aber sie sind leer. Diese Erklärung greift zu kurz, weil sie die moderne Unzufriedenheit mit kirchlichen Institutionen in die Vergangenheit projiziert. Die Mönche und Nonnen des vierten Jahrhunderts kritisieren nicht die Kirche, sondern das Reich. Sie gründen Gemeinschaften, weil sie im Christentum eine Alternative zur etablierten Gesellschaft sehen. Um dies zu verstehen, muss man sich kurz den Zustand des Römischen Reiches zu dieser Zeit vergegenwärtigen.

Im Jahr 235 töteten Soldaten den Kaiser Severus Alexander und beendeten eine stille Blütezeit des Römischen Reiches. Das folgende halbe Jahrhundert geht als «Soldatenkaiserzeit» in die Geschichte ein, wobei der entsprechende französische Begriff es besser trifft: «anarchie militaire». In rascher Folge rissen Teile des Militärs die Macht an sich, wurden von einer konkurrierenden Partei besiegt, und der hochgeputschte Kaiser wurde ermordet. In 50 Jahren traten 27 legitime und mindestens 20 illegitime Kaiser auf, und keiner starb friedlich im Bett.

Die Krise erfasste alle Lebensbereiche. Die Wirtschaft lag am Boden, die Grenzgebiete wurden von Germanen und Sassaniden überrannt, weite Teile im Osten erklärten sich unter der Herrschaft der Königin Zenobia für unabhängig und mussten blutig zurückerobert werden. Es ist wie so oft die Unterschicht, welche den Preis für die Misere bezahlte: Junge Männer aus der Provinz stellten die Legionäre für den Bürgerkrieg, und die Steuern waren erdrückend. Bauern und Handwerker, welche die Abgaben nicht mehr bezahlen konnten, wurden mit ihren Familien in die Sklaverei verkauft. Im ganzen Reich flohen junge Männer deshalb von den Äckern und aus den Handwerksstätten, um nicht eingezogen zu werden, Menschen, um nicht versklavt zu werden. Auch manche Christen flohen, denn wiederholt wurden sie zu Sündenböcken dieser Misere gemacht und blutig verfolgt. Vor allem die Kaiser Decius und Valerian sind als brutale Verfolger in Erinnerung geblieben.

In den Wäldern, den Bergen oder am Rand der Wüste sammelten sich die Ausgestossenen. Sie lebten von Bettelei, Diebstahl, Kidnapping und Prostitution. Schon im Neuen Testament tauchen sie unter der Bezeichnung «Räuber» auf,[12] doch im dritten Jahrhundert verschärfte sich die Situation. In manchen Gebieten wie Gallien oder Nordafrika waren sie so zahlreich, dass sie den offenen Aufstand wagten. Bürgerkriege und noch mehr Blutvergiessen waren die Folge.

Vor diesem Hintergrund sind die Ereignisse in Ägypten zu sehen, die zum Mönchtum führten. Um das Jahr 280 hörte ein junger ägyptischer Bauer im Gottesdienst die Geschichte vom reichen Jüngling:

> Wenn du vollkommen sein willst, geh, verkauf deinen Besitz und gib ihn den Armen; und du wirst einen Schatz im Himmel haben; und komm, folge mir nach! (Mt 19,21)

Antonius, so sein Name, war überzeugt, dass diese Worte ihn betreffen. Er ging nach Hause und setzte das Gehörte in die Tat um. Zu dieser Zeit ist die Provinz am Nil bereits zu einem grossen Teil christianisiert. Im Unterschied zum Westen hatte sich der neue Glaube hier vorrangig in den ländlichen Sied-

---

12   Berühmt ist die Einleitung zum Gleichnis vom barmherzigen Samariter in Lk 10,30: «Ein Mann ging von Jerusalem nach Jericho hinab und wurde von Räubern überfallen.»

lungen ausgebreitet, weniger in den Städten. Antonius lebte zunächst als Asket unter der Leitung eines geistlichen Vaters in seinem Dorf. Dann entschloss er sich, «in die Wüste hinaufzusteigen», um in der Stille Gott nahe zu sein.

Schnell realisierte Antonius, dass er in der Wüste nicht allein ist. Mit den Ausgestossenen, die er dort traf, begann er zusammenzuleben. Man diskutierte über Frieden, wie eine gerechte Gesellschaft aussehen müsste – und welche Rolle das Evangelium spielen könnte.

> Es gab also auf den Bergen Einsiedeleien wie Zelte, angefüllt mit göttlichen Chören, die Psalmen sangen, die Heilige Schrift studierten, fasteten, beteten, sich an der Hoffnung auf die kommende Zeit freuten und sich im Tun der Barmherzigkeit übten und Liebe und Übereinstimmung untereinander hatten. Und es war wahrhaftig so, als sähe man ein ganz eigenes Land, (ein Land) der Frömmigkeit und Gerechtigkeit. Denn es gab dort keinen, der Unrecht litt, und auch keine Klage über den Steuereinnehmer.[13]

Diese Beschreibung stammt aus der Feder des Biografen von Antonius, Bischof Athanasius († 373). Sie charakterisiert die Kernidee des Mönchtums treffend: In der Wüste bildete sich «ein ganz eigenes Land», ohne Steuerbeamte und Aushebungsoffiziere, dafür mit Frieden und Gerechtigkeit. Antonius hatte eine christliche Gegengesellschaft gegründet.

In losen Gruppen hausten die «Wüstenväter» in Höhlen oder Hütten am Rand der Wüste, halfen als Erntearbeiter oder lebten von Handarbeit. Die raubeinigen Figuren, die in der vorliegenden Spruchsammlung auftauchen, werden im Licht des geschichtlichen Hintergrunds verständlich. Viele Wüstenväter und -mütter der ersten Generation hatten eine kriminelle Vergangenheit, bevor sie zu Antonius

---

13 Athanasius, Vita Antonii, 44, 2, in: Peter Gemeinhardt, Athanasius, Vita Antonii = Leben des Antonius (FC 69), Freiburg i. Br. 2018, 208–209.

stiessen: Paphnutios, Makarios der Jüngere und Amun waren Schmuggler, Makarius der Grosse ein Mörder, Poimen und Moses gehörten Räuberbanden an; Paesia, Thais und Maria waren Prostituierte. Als Teil der Mönchsbewegung brachen sie mit ihrer Vergangenheit und fanden eine neue Bestimmung. In den Augen ihrer Mitmenschen erlangten sie so Ruhm und Ansehen.

> Wenn ein Bruder mit einer Frage zu Abba Makarios kam und ihn wie einen heiligen Greis voll Ehrfurcht behandelte, dann sprach er nicht mit ihm. Wenn aber einer fragte: «Abba, wie du noch ein Kameltreiber warst und Natron stahlst und es verkauftest, haben dich da die Aufseher nicht verprügelt?» Wenn einer so begann, dann antwortete er mit Freuden.

Den Erfolg der Bewegung illustriert das Wort μοναχός [Monachos], Mönch. Wörtlich bedeutete es «Einzelgänger», und bezeichnete ursprünglich abwertend einen randständigen Menschen ohne Familienanschluss. Daraus wurde nun ein Ehrentitel für einen entschiedenen Christen, eine entschiedene Christin. Ebenso wurde aus der abschätzigen Bezeichnung ἀναχωρητής [Anachoret], also «Randständiger» der «Einsiedler».

Die Wüstenväterbewegung um Antonius war strukturlos und anarchistisch. Unzählige Lebensformen entstanden. Jeder lebte und betete, wie es ihm gefiel. Kloster, Kutte und Mönchsregeln wurden erst später entwickelt, einzig das Evangelium galt als Richtschnur. Eine offizielle Anbindung an die kirchlichen Hierarchien gab es nicht. Hans Conrad Zander vergleicht die Wüstenväter um Antonius mit der Hippie-Bewegung der 1968er Jahre.[14] Und wenn in dieser Zeit nur wenige wirklich nach St. Francisco gingen und dort mit Blumen in den Haaren Lieder von Bob Dylan sangen, so

---

14 Vgl. Hans Conrad Zander, Als die Religion noch nicht langweilig war. Die Geschichte der Wüstenväter, Köln 2001, 72–80.

«Was muss ich tun, um gerettet zu werden?»

entwickelte die Bewegung dennoch eine grosse Strahlkraft: Weltweit trugen junge Menschen bestickte Jeans, hatten lange Haare und hörten entsprechende Musik. Eine vergleichbare Strahlkraft entwickelte die Wüstenväterbewegung damals im vierten Jahrhundert: Überall im Römischen Reich wurde über sie diskutiert. Man las die Biografie des Antonius, und viele begannen sich zu kleiden wie sie. Es bildeten sich Fangruppen, die wie ihre Vorbilder das Evangelium so kompromisslos leben wollten – oder wenigstens ein bisschen, soweit es möglich war. Ein wichtiger Faktor dabei war der neue Gestaltungsraum, den die Bewegung bot. Insbesondere für Frauen und für Angehörige niederer sozialer Schichten wie Sklaven waren selbstbestimmte Lebensentwürfe möglich, die ihnen vorher aufgrund gesellschaftlicher Konventionen verwehrt waren.

> Als der berühmte Abba Arsenios einmal krank wurde, lagerte ein Priester ihn in seiner Kirche auf einem Teppich und legte ihm ein kleines Kissen unter den Kopf. Da kam ein Mönch, um ihn zu besuchen. Doch als er ihn so sah, ärgerte er sich: «Der berühmte Altvater Arsenios! So weich gebettet!» Da nahm ihn der Priester beiseite und fragte ihn: «Was war deine Beschäftigung früher?» – «Ich war Hirte.» – «Und wie lebtest du?» – «In grosser Schufterei!» – «Und wie lebst du jetzt?» – «Ich habe schon mehr Komfort!» Da sagte der Priester zu ihm: «Siehst du da den Abba Arsenios? Ein reicher Berater von Kaisern war er, bevor er hier Mönch wurde. Du warst Hirte. Du hattest in der Welt nicht die Bequemlichkeit, die du jetzt hast. Arsenios aber hat den Überfluss, den er in der Welt hatte, hier nicht. Nun schau, du hast Ruhe, er wird gequält.» Als der Bruder das hörte, sagte er: «Verzeih mir, Vater! Ich habe gesündigt. Wahrhaftig, das ist der rechte Weg: er kam zur Demut, ich zur Bequemlichkeit.»

3. Spiritualität der Wüste

Das vorliegende Buch enthält eine Auswahl aus den sogenannten Apophthegmata Patrum. Diese «Aussprüche der (Wüsten-)Väter» sind ein gutes Zeugnis für die geistlichen Einsichten dieser Bewegung. Die Wüstenväter und -mütter gingen von der Beobachtung aus, dass Jesus in den Evangelien keine feststehende Lehre über das christliche Leben gegeben hat, sondern jede und jeden individuell unterwies. So sind von ihm Sprüche, Dialoge und Gleichnisse an bestimmte Adressaten überliefert, aber keine theologischen Abhandlungen. Ähnlich sind die Apophthegmata aufgebaut: Es handelt sich um eine Sammlung von erbaulichen Sprüchen, Dialogen und Geschichten von unzähligen Wüstenvätern und -müttern, die zunächst einzeln mündlich überliefert, später niedergeschrieben und gesammelt wurden.

Die alphabetische Sammlung der Apophthegmata Patrum beginnt mit folgender Geschichte:

> Als der Altvater Antonios einmal in der Wüste sass, in depressiver Stimmung und mit düsteren Gedanken, sprach er zu Gott: «Herr, ich will gerettet werden, aber meine Gedanken lassen es nicht zu. Was soll ich in dieser meiner Not tun? Wie kann ich das Heil erlangen?» Bald darauf stand er auf, ging hinaus und sah einen, der ihm glich. Der sass da und arbeitete, dann stand er auf und betete, dann setzte er sich wieder hin und flocht ein Seil. Dann stand er wieder auf, um zu beten, und siehe, ein Engel des Herrn wurde gesandt, um Antonius zu belehren und zu trösten. Und er hörte den Engel sagen: «Tue dies, so wirst du errettet werden.» Als er das hörte, wurde er mit grosser Freude und mit Mut erfüllt, und indem er so handelte, fand er Rettung.

Die Bedeutung des ersten Apophthegmas ist kaum zu überschätzen.[15] Es ist eine Berufungsvision, die der Sammlung vorangestellt wurde wie das Abstract einer wissenschaftlichen Arbeit oder die Ouvertüre einer Oper. Ob sich diese Geschichte tatsächlich so abgespielt hat, ist zweitrangig. Entscheidend ist, dass alle wichtigen Themen angesprochen werden, die anschliessend ausführlich entfaltet werden.

Antonius, Urbild eines Mönches, sitzt mit düsteren Gedanken in der Wüste. Er stellt sich die zentrale Frage: Wie kann ich gerettet werden? Schon diese Ausgangssituation ist bedeutsam: Geistliches Leben ist Dialog, deshalb braucht jede und jeder einen geistlichen Vater oder eine geistliche Mutter. Diese nehmen die Rolle von Christus im Evangelium ein: Wie er leiten sie die Hilfesuchenden mit einer spezifischen Antwort. Ihre Legitimation liegt in ihrer Verbundenheit mit Gott: Ein guter geistlicher Vater betet, bevor er seinem Schüler antwortet. Da Antonius als erster Wüstenvater aber allein in der Wüste sitzt, sendet Gott ihm einen Engel, der ihn unterrichtet.

Hier zeigt sich eine Grundstruktur der Apophthegmata, die für heutige Leserinnen und Leser von grosser Bedeutung ist: Jeder Spruch und jede Geschichte war ursprünglich die Antwort auf eine Frage eines ganz bestimmten Menschen. Es ist gefährlich, sie unreflektiert auf sich selbst zu übertragen, denn jeder Mensch ist anders, und die Stärke des einen ist die Schwäche des anderen. So kommt es, dass sich manche Sprüche inhaltlich widersprechen. Sie sind deshalb nicht falsch, sondern nur an unterschiedliche Menschen gerichtet. Es braucht Zeit und Weisheit, um zu erkennen, ob man sich von einem schwierigen Spruch herausfordern las-

---

15 Vgl. Günther Schulz und Jürgen Ziemer, Mit Wüstenvätern und Wüstenmüttern im Gespräch. Zugänge zur Welt des frühen Mönchtums in Ägypten, Göttingen 2010, 52–53.

sen will (und soll) oder ob dieser Spruch einfach für jemand anderen gedacht ist.

> «Abba Joseph, ich habe dir meine Gedanken anvertraut und schau, du hast mir so geantwortet. Dann aber sagtest du einem anderen das genaue Gegenteil.» Der Greis gab zur Antwort: «Weisst du nicht, dass ich dich liebe?»

Die Antwort auf die Frage des Antonius ist eine Vision. Er sieht sich, wie er betet und arbeitet. «Ora et labora» (lat. «bete und arbeite») ist nicht nur das Motto der Benediktiner, sondern generell aller Mönche. Dabei soll das eine nicht gegen das andere ausgespielt werden:

> Ein Wüstenvater und sein Schüler arbeiten an einem Seil.
> Da fragt der Schüler: «Abba, was muss man tun, um gerettet zu werden?»
> «Du siehst es gerade.»

Beten und Arbeiten sind existenziell wichtig, denn sie sichern das körperliche und geistige Leben in der Wüste. Ihr Wechsel strukturiert den Tag und gibt dem Leben einen sinnvollen Rhythmus. Diese Ordnung kann man sich selbst geben oder von anderen übernehmen. Ohne Struktur aber sind Geist und Körper in Gefahr.

Ein letztes grundlegendes Element wird durch das Verb «sitzen» angezeigt. In den Apophthegmata ist damit nicht nur die Körperhaltung gemeint. Vielmehr bezieht sich «das Sitzen in der Wüste» auf ein Bleiben und Verweilen in der Lebensweise als Mönch, getreu der von Gott erhaltenen Berufung.[16] Der folgende Dialog spielt mit den verschiedenen Aspekten dieses Wortes:

> «Was sitzest du hier?»
> «Ich sitze nicht, ich gehe.»

---

16 Vgl. Franz Dodel, Das Sitzen der Wüstenväter. Eine Untersuchung anhand der Apophthegmata Patrum (Paradosis 42), Freiburg 1997.

«Was muss ich tun, um gerettet zu werden?»

«Wohin gehst du?»
«Zu Gott.»

Im Deutschen würde man statt von «Sitzen» eher von «Stehen» oder von «Standhaftigkeit» sprechen. Antonius «sitzt in der Wüste», aber er ringt damit. Schliesslich steht er auf, geht – und empfängt die Vision. Der offenbarte Rhythmus von Arbeit und Gebet hilft ihm, seiner Berufung treu zu bleiben. Diese Standhaftigkeit in der als richtig erkannten Lebensweise ist wichtiger als Beten und Arbeiten:

> Ein Bruder sagte zu einem Altvater: «Meine Gedanken quälen mich und sagen mir: Du kannst nicht fasten und auch nicht arbeiten, so besuche wenigstens die Kranken; denn auch das ist Liebe.»
> Der Altvater aber, der die Saat der Dämonen kannte, sagte zu ihm: «Geh und iss, trink, schlaf und arbeite nicht, aber verlass deine Zelle nicht!»

4. Die praktische Disziplin: das geistliche Training

In der zweiten Hälfte des vierten Jahrhunderts schlossen sich einige hochgebildete Männer der Bewegung an. Sie nahmen die Lehre der Wüstenväter auf und systematisierten sie auf dem Boden der damaligen Philosophie. Vor allem die Werke des Evagrius Pontikus († 399) und die seines Schülers Johannes Cassian († um 435) wurden so zu Klassikern, die über Jahrhunderte hinweg gelesen wurden.

Evagrius geht von der damals bereits gängig gewordenen Zweiteilung der christlichen Spiritualität in Askese und Mystik aus. Seine Einführung in die mönchische Lebensweise beginnt mit folgendem Spruch:

> Das Christentum ist die Lehre Christi, unseres Erlösers, die aus der Praktike, der Physike und der Theologike besteht.[17]

Die drei hier verwendeten Begriffe *Praktike*, *Physike* und *Theologike* sind feststehende Fachbegriffe. Die *Praktike*, wörtlich «die Handlung betreffend», bezeichnet das geistliche Training bzw. die Askese. Ziel ist es, den Menschen auf die Kommunikation mit Gott vorzubereiten: Der Mensch soll die Voraussetzungen erlangen, um so beten zu können, wie es Gott gebührt. Die *Praktike* umfasst darum die ganze «praktische» Seite der Nachfolge Christi. Im Vordergrund der angestrebten Lebensführung steht nicht so sehr der Verzicht, sondern das positive Streben nach den Tugenden.

Die Mystik unterteilt Evagrius in zwei Teilbereiche. Unter dem Begriff *Physike* («die Natur betreffend») versteht er die betende Betrachtung der geschaffenen Dinge. Die Werke Gottes (die Welt, aber auch die Bibel) sollen auf ihren Zusammenhang mit dem Wesen und Wirken Gottes hin meditiert werden.

Bezugspunkt ist der erste Psalm:

> Wohl dem, der nicht dem Rat der Frevler folgt und nicht auf den Weg der Sünder tritt, noch sitzt im Kreis der Spötter, sondern seine Lust hat an der Weisung des Herrn und sinnt über seiner Weisung Tag und Nacht. (Ps 1,1–2)

Für das hier verwendete Wort «sinnen» steht in der hebräischen Bibel ein Verb, das «murmeln» bedeutet: Wohl dem, der die Tora murmelt. Die lateinische Bibel gibt das Wort mit «meditari» wieder: «bedenken», «einüben». Daraus entwickelt sich die Meditation, die bis ins 20. Jahrhundert eine betende Bibel- und Weltbetrachtung meint.

---

17 Evagrius, Praktikos 1: Gabriel Bunge, Evagrios Pontikos. Praktikos oder der Mönch. Hundert Kapitel über das geistliche Leben, Köln 1989, 68.

Der dritte Ausdruck in der Definition des Evagrius, *theologike* (von θεός [Theos], Gott, und λόγος [Logos], Wort, Rede), bedeutet nicht, wie das deutsche Wort «Theologie», ein Reden *über* Gott, sondern vielmehr ein Reden *mit* Gott: Es geht um die unmittelbare Beziehung zwischen Gott und seinem Geschöpf.

Im Folgenden möchte ich kurz die praktische und die theoretische Disziplin skizzieren. Wenn ein Christ, eine Christin das Leben ganz auf Christus ausrichten will, so muss mit dem Kampf gegen die Leidenschaften begonnen werden (vgl. Röm 7,5 oder Gal 5,24). «Leidenschaft» ist in der Antike die Bezeichnung für gewohnheitsmässige Regungen der Seele, die nicht im Einklang mit Vernunft und Schöpfung stehen. Es handelt sich um einen dauernden und heftigen Zug, Trieben oder Emotionen bestimmter Art nachzugeben. Leidenschaften können das Vorstellungsleben und den Willen einseitig dominieren, wie etwa die Habgier oder der Jähzorn. Leidenschaften dürfen keinesfalls mit natürlichen Trieben wie Hunger oder Emotionen wie Angst verwechselt werden, die situativ auftreten und vergehen. Für Letztere verwendet die Mönchsliteratur den Begriff διαλογισμοί [dialogismoi] «Gedanken», der auch in Mt 15,19 gebraucht wird:

> Denn aus dem Herzen kommen böse Gedanken, Mord, Ehebruch, Unzucht, Diebstahl, falsches Zeugnis und Lästerung. Das ist es, was den Menschen unrein macht; aber mit ungewaschenen Händen zu essen, macht den Menschen nicht unrein.

Solche Gedanken in sich wahrzunehmen ist normal und entspricht der Natur des gefallenen Menschen. Es gilt nun zu lernen, mit ihnen umzugehen und sie zu zähmen, sonst regen sie Leidenschaften an und verunreinigen das Herz. Ungezähmt können sie das Vorstellungsleben und den Willen einseitig dominieren, so dass das ganze Denken sich nur noch um sie dreht. Ein gut trainiertes Herz hat zwar weiterhin natürliche Neigungen und Emotionen, geht damit aber angemessen um. Es wird als leidenschaftslos oder rein bezeichnet. Das griechische Wort für diesen Zustand ist ἀπάθεια [Apatheia], wovon unser deutsches Wort «apathisch» abgeleitet ist. Gemeint ist aber genau das Gegenteil: ein agiles Herz, das mit den natürlichen Neigungen und Gefühlen geschickt umgeht. Für den leidenschaftslosen Menschen gilt, was Paulus in 1Kor 6,12–13 beschreibt:

> Alles ist mir erlaubt, aber nicht alles ist zuträglich. Alles ist mir erlaubt, aber nichts soll Macht haben über mich. Die Speisen sind für den Bauch da, und der Bauch für die Speisen; Gott wird beides zugrunde gehen lassen. Der Leib aber ist nicht für die Unzucht da, sondern für den Herrn, und der Herr für den Leib.

Die Schulung im Umgang mit den Gedanken und der Kampf gegen die Leidenschaften beginnt mit einer regelmässigen Gebetspraxis. Hier kommt bei Anfängerinnen und Anfängern im Glauben oft Ernüchterung auf. Denn nach kurzem Gebet schweift der Geist hierhin und dorthin, getrieben von unsteten Gedanken. Diese Gedanken werden mit dem geistlichen Vater oder der geistlichen Mutter betrachtet. Was hält mich vom Beten ab? Was ist natürlich, wo verbergen sich Leidenschaften, was hindert auf dem Weg zu Gott? Gerade Neulinge sollten diese geistliche Unterscheidung der Gedanken nicht ohne erfahrene Hilfe angehen. Der Grund liegt in einer verzerrten Wahrnehmung, die Leidenschaften generell mit sich bringen. Gedanken und Emotionen, ja selbst der Wunsch, Dinge zu tun, die man für gut hält, können über die wahren Hintergründe täuschen. So rühmt sich der Geizige seiner Sparsamkeit, der Leichtsinnige seines Mutes, der Fanatiker seiner Glaubenstreue und der Feige seiner Besonnenheit.

Neben der Kompetenz zur Unterscheidung der Gedanken, die ein Novize in der Regel nicht mitbringt, gibt es noch einen zweiten Grund, weshalb der Kampf gegen die Leidenschaften Anleitung braucht. Es existieren Hilfestellungen und Methoden im Umgang mit sich selbst, in die der Anfänger, die Anfängerin eingewiesen werden soll. Das bekannteste dieser Instrumente ist die Lehre der acht Gedankengattungen. Evagrius teilt die Gedanken, die einen Menschen belästigen können, in acht Gruppen ein. Er schreibt:

> Acht (schlechte) Gedankengattungen gibt es, in denen jeglicher Gedanke enthalten ist. Der erste ist der Gedanke der Fresslust, darnach kommt jener der Unzucht. Der dritte ist jener der Gier, der vierte der des Selbstmitleides, der fünfte jener der Wut, der sechste der des Überdrusses (Akedia), der siebte jener der Ruhmsucht und der achte jener der Arroganz (Hochmut). Ob diese alle die Seele belästigen oder nicht belästigen, hängt nicht von uns ab. Ob sie jedoch verweilen oder nicht verweilen, Leidenschaften anregen oder nicht anregen, das hängt von uns ab.[18]

Im weiteren Verlauf der Kirchengeschichte werden die acht Gedankenkategorien von Evagrius zur Lehre der sieben Todsünden weiterentwickelt – doch es muss betont werden, dass dieser Name täuscht und es sich eben nicht um Sünden handelt. Es sind vielmehr Krankheiten der Seele, die man je nach Konstitution und Situation wie eine Erkältung bekommt. Die Frage nach der Ursache spielt dabei eine zweitrangige Rolle. Wichtiger ist, wie die Leidenschaft zu behandeln ist. Denn so, wie eine unbehandelte Erkältung zu einer lebensbedrohenden Lungenentzündung führen kann, so können unkontrollierte Gedanken wuchernde Laster anregen, die zu Sünden und schliesslich zum geistlichen Tod führen.

Evagrius betont, dass bei schlechten Gedanken oft eine bestimmte Reihenfolge zu beobachten ist. Ein junger Christ, der sein Leben neu auf Gott ausrichtet, wird von Fresslust, Gier und Geilheit herausgefordert. Es ist die erste Gruppe der Laster, die der leiblichen Sphäre des Menschen zuzutei-

---

18 A. a. O., 79.

len sind. Da Menschen körperliche Wesen sind, müssen sie ihren Umgang mit den Grundbedürfnissen Essen, Sexualität und Besitz regeln. Evagrius unterstreicht, dass es hier ein zu viel oder zu wenig geben kann. Zwei Menschentypen denken ständig ans Essen: Die Vielesser und die Diäthaltenden. Deshalb gilt es, hier das rechte Mass zu finden, so dass diese Bereiche das Denken und Wollen nicht beherrschen.

Die zweite Gruppe sind Reaktionen des Gemüts bei unerfüllten Begierden. Ein Vielesser, der seine Fresslust mit Fasten zu kurieren sucht, reagiert nach einer gewissen Zeit oft mit Selbstmitleid, Wut oder Überdruss. Diese drei Laster gilt es in Tapferkeit zu transformieren. Gerade der Überdruss ist eine grosse Herausforderung. «Überdruss» steht für das griechische Wort ἀκήδεια [Akedia] = Sorglosigkeit, Nachlässigkeit, Nichtsmachenwollen. Gemeint ist die Reaktion des Gemüts auf das geistliche Training mit Abscheu, Schwermut oder Trägheit: «Das hat doch alles keinen Sinn!». Dabei deckt Akedia ein breites Spektrum ab, vom Suppenkoma nach dem Mittagessen über die Midlife-Crisis bis hin zur Depression.[19]

> Ein Bruder befragte den Altvater Poimen wegen der Akedia. Der Alte antwortete: «Die Akedia ist die Basis, und es gibt keine üblere Leidenschaft als sie. Aber wenn der Mensch erkennt, dass sie es ist, dann kommt er zur Ruhe.»

Ist dies gelungen, drohen in der Folge die gefährlichsten Laster, jene Gruppe, welche die Seele betreffen. Man will für seine asketische Leistung anerkannt und bewundert werden. Schliesslich sieht man sich selbst als die ausschliessliche Quelle seiner Erfolge und akzeptiert keine Kritik oder Unterweisung. Hochmut/Arroganz ist für Evagrius das Ur-Übel schlechthin, das den Luzifer auf die Erde schleuderte. Über-

---

19 Vgl. Gabriel Bunge, Akedia – Die geistliche Lehre des Evagrios Pontikos vom Überdruss, Beuron 2017.

winden kann man diese beiden Laster nur durch die Fähigkeit, sich selbst mit den Augen Gottes zu sehen. Diese Fähigkeit heisst Demut. Sie ist nicht eine blinde Selbsterniedrigung, sondern die Kompetenz, sich realistisch vor Gott und den Menschen einzuschätzen. Deshalb, so sagen die Wüstenväter, ist Demut eng verbunden mit Gottesfurcht, Gehorsam und dem Verzicht, über andere zu urteilen.

> Ein Bruder fragte einen Altvater: Wie erlangt ein Mensch die Ehrfurcht vor Gott? Jener antwortete: Wenn der Mensch Demut und Armut übt und nicht über seinen Nächsten urteilt, dann kommt die Ehrfurcht vor Gott über ihn.

Arroganz	Seele, geistliche Ebene:
Ruhmsucht	Mit Weisheit überwinden und Demut erlangen.
Überdruss (Akedia)	Gemüt, emotionale Ebene:
Selbstmitleid	In Tapferkeit transformieren.
Zorn	
Habgier	Körper, materielle Ebene:
Geilheit	Massvoll ordnen.
Fresssucht	

Vergleicht man die Lasterlehre des Evagrius (und generell die Auseinandersetzung der Wüstenväter mit sich selbst) mit heutigen psychologischen Ansätzen, so fällt auf, dass eine Reihe wichtiger Themen nicht oder nur unzureichend behandelt werden (Ängste, Selbstwertgefühl, Zweifel). Zwei Aspekte sind zu berücksichtigen: Erstens der Kontext des frühen Mönchtums, der sich historisch, geografisch und kulturell erheblich von unserem unterscheidet. Zweitens ging es ihnen nicht um psychologische Erkenntnisse, sondern darum, ihr Herz für den Dialog mit Gott zu öffnen. Die moderne empirische Wissenschaft und die bald zwei Jahrtausende alten Erfahrungen und Einsichten der Wüstenväter sind schon vom Ansatz her grundverschieden und dürfen nicht gegeneinander ausgespielt werden.[20]

5. Die theoretische Disziplin: die Gottesschau

Wer den Kampf gegen die Leidenschaften führt, dem verspricht Christus:

> Selig, die reinen Herzens sind – sie werden Gott schauen. (Mt 5,8)

Wer den Tempel des eigenen Herzens für Gott bereitet, darf hoffen, Gott zu begegnen. Auf diese Weise kann die den Märtyrern verheissene «Visio Dei» auch Nicht-Märtyrern zugänglich werden – wie auch die «Unio». Doch während es für den Kampf gegen die Leidenschaften zahlreiche Methoden und Hilfestellungen gibt, so sind sie für die Gottesschau rar. Die Beziehung zu Gott kann man nicht produzieren, nicht herbeizwingen. Christliche Mystik ist von ihrem Charakter her dialogisch und geprägt von dem, was eine positive Verbindung zweier Personen ausmacht: der Liebe. Viele der grossen Mystiker der alten Kirche meditieren und kommentieren deshalb das Hohelied aus der Bibel, weil sie in der dort besungenen Liebe ein Sinnbild der Begegnung zwischen Mystiker/Mystikerin und Gott sehen.[21]

Eine Liebesbeziehung zwischen Menschen gedeiht nicht, wenn sie nur Mittel zum Zweck ist. Das gilt auch für eine Gottesbeziehung. Wer Gott sucht, weil er ins Paradies gelangen, glücklich sein oder sich selbst erkennen will, handelt

---

20 Vgl. Daniel Hell, Die Sprache der Seele verstehen. Die Wüstenväter als Therapeuten, Freiburg i. Br. 2002.

21 Am bekanntesten sind die Kommentare von Gregor von Nyssa, Origenes und Gregor dem Grossen. Vgl. Karl Suso Frank, Origenes und Gregor der Grosse. Das Hohelied (Christliche Meister 29), Einsiedeln 1987.

aus egoistischen Motiven. Clemens von Alexandrien († um 215) schreibt, dass ein Christ, wenn er vor die Wahl gestellt würde, ob er entweder Gott lieben oder das Heil erlangen wolle, er ohne zu zögern das Erstere wählen würde. Natürlich ist beides nicht voneinander zu trennen – aber der Kern ist die Liebe, die Rettung ein Nebeneffekt.[22] Die Gottesbeziehung verlangt wie jede Beziehung eine gewisse Selbstaufgabe. Genau wie Liebende sich in ihrer Zweisamkeit verlieren, gehen Mystiker ganz in ihrer Verbindung zu Gott auf.

> Nur wer auf dem Weg zu Gott alles verliert, gewinnt alles.[23]

Hier wandelt sich die «Visio Dei», die Gottesschau, in ein ganzheitliches Einswerden – in eine «Unio». Die enge Beziehung von Sehen, Erkennen und Einswerden zeigt sich im hebräischen Verb יָדַע [jadac], das meist mit «erkennen» übersetzt wird. In Gen 4,1 «erkennt» Adam Eva – und sie wird schwanger. Dabei täuschen die aktiven Verben «erkennen», «sehen», «vereinen» bezüglich Gott in einem zentralen Aspekt: Die Gotteserkenntnis ist passiv, sie ist, wie Evagrius schreibt, «reine, überströmende, geschenkte Gnade». Doch dabei bleibt es nicht, denn diese göttliche Gnade ermöglicht eine neue, bessere Wahrnehmung der Welt.

> Wir erkennen Gleiches durch Gleiches und durch die Liebe die Liebe und durch die Gerechtigkeit die Gerechtigkeit.[24]

---

22 Vgl. Clemens von Alexandrien, Stromateis IV, 22, 136. Otto Stählin, Clemens von Alexandrien, Teppiche (BKV II, 19), München 1937, 92.

23 Vgl. Evagrius, De Oratione 36 (37): Doris Sperber-Hartmann, Das Gebet als Aufstieg zu Gott. Untersuchungen zur Schrift «de oratione» des Evagrius Ponticus, Frankfurt a. M. 2011, 162.

24 Evagrius, Scholia in Psalmos, Homilie zu Ps. 17,2: PG 12,1224 d (dort Origenes zugeschrieben); vgl. Marie-Joseph Rondeau, Le commentaire sur les Psaumes d'Évagre le Pontique, in: OCP 26 (1960), 307–348.

Nur jemand, der selbst ein stückweit gerecht ist, realisiert, wenn Gerechtigkeit geübt wird. Nur jemand, der selbst Liebe erfahren hat und liebt, erkennt Liebe. So auch bei Gott: Der gottliebende Mensch erhält in gewisser Weise Anteil am Göttlichen, weil ihn göttliche Liebe erfüllt. Er ist wie ein Edelstein, der in der Sonne funkelt und so selbst zur Sonne wird.[25] Diese «Deification» (Gottwerdung) meint nicht, dass der Mystiker sich zu einem weiteren Gott erhebt, sondern vielmehr, dass er ganz im Willen Gottes aufgeht – aus Gnade im Heiligen Geist.[26]

6. Eine geniale Zusammenfassung

Die christliche Spiritualität der ersten Jahrhunderte lässt sich auf den Punkt bringen in der Berufung: «Komm, folge mir nach!» Diese Nachfolge wird zunächst in Askese und Schau unterteilt, wobei die Askese den Menschen für das eigentliche Ziel, die Gottesschau vorbereitet. Letzteres beginnt mit der Betrachtung (Meditation) der Schöpfung und der Bibel und kulminiert im völligen Loslassen und Einswerden mit Gott (Unio).

In diesen grundlegenden Dreiklang des christlichen Glaubensvollzugs – Askese, Meditation, Unio – weben spätere Glaubensväter und -mütter wie Theresa von Avila, Ignatius von Loyola, Luther ihre eigenen Melodien.

So bezeugt auch der Schweizer Wüstenvater Nikolaus von Flüe (1417–1487), wie sehr dieser spirituelle Akkord zum Grundbestand christlichen Glaubensvollzugs gehört.

---

25 Dieses Bild verwendet Basilius († 379): Über den Heiligen Geist 9,23: Hermann Josef Sieben, Basilius von Cäsarea, De spiritu sancto = Über den Heiligen Geist (FC 12), Freiburg i. Br. 1993, 140–143.

26 Vgl. Myrrha Lot-Borodine, La déification de l'homme. Selon la doctrine des Pères grecs, Paris 1970.

Er fasste diese Grundstruktur meisterhaft zusammen, vielleicht ohne es zu wissen. Er betete:

> Mein Herr und mein Gott, nimm alles von mir, was mich hindert zu dir.
> Mein Herr und mein Gott, gib alles mir, was mich führet zu dir.
> Mein Herr und mein Gott, nimm mich mir und gib mich ganz zu eigen dir.[27]

---

[27] Von diesem Gebet sind verschiedene Versionen überliefert. Die hier zitierte entspricht der heute gebeteten und gesungenen Version, die von Cyriacus von Spangenberg um 1582 arrangiert wurde. Nach der ältesten Handschrift betete Bruder Klaus die dritte Zeile zuerst. Vgl. Berlin, Preuss. Kulturbesitz, Ms. germ 4° 636, 12v. Ende 15. Jh. und Rupert Amschwand, Bruder Klaus. Ergänzungsband zum Quellenwerk von Robert Durrer, Sarnen 1987.

1
Von der Nachfolge

Sende dein Licht und deine Wahrheit,
sie sollen mich leiten,
mich bringen zu deinem heiligen Berg
und zu deinen Wohnungen.
Psalm 43,3

Sprüche

Die Zeit kommt, da die Menschen verrückt werden, und wenn sie jemanden sehen, der nicht verrückt ist, werden sie ihn beschimpfen und sagen: Du bist verrückt, weil du nicht bist wie wir!

Abba Pior machte an jedem einzelnen Tag einen ganz neuen Anfang.

Die Natur des Wassers ist weich, die des Steines hart. Aber der Behälter, der über dem Stein hängt, lässt Tropfen um Tropfen fallen und durchlöchert den Stein. So ist auch das Wort Gottes weich, unser Herz aber hart. Wenn aber ein Mensch oft das Wort Gottes hört, dann öffnet sich sein Herz für eine Begegnung mit Gott.

Du kannst nicht Mönch werden, wenn du nicht ganz Feuer fängst!

Keiner kann unversucht ins Himmelreich eingehen. Nimm die Versuchungen weg, und es ist keiner, der Rettung findet.

Der Anfang des Heils besteht darin, dass du dir selbst entgegentrittst.

Bemühe dich, in deiner Beziehung zu Gott voranzukommen. Denn wer dem Wenigen immer wieder Weniges hinzufügt, erwirbt bald einen kostbaren Schatz, der von allen begehrt wird.

Wie die Lampe in einem dunklen Raum Licht verbreitet, so ist es auch mit der Ehrfurcht vor Gott: Wenn sie in das Herz des Menschen kommt, erleuchtet sie ihn und lehrt ihn alle Tugenden und alle Gebote Gottes.

Die Propheten haben Bücher verfasst. Nach ihnen sind unsere Väter gekommen und haben auf dieser Grundlage Grosses vollbracht. Deren Nachfolger wiederum haben sie auswendig gelernt. Die gegenwärtige Generation aber hat alles auf Papier und Pergament geschrieben und es nutzlos in die Fensternischen gestellt.

Die Akedia ist die Basis, und es gibt keine üblere Leidenschaft als sie. Aber wenn der Mensch erkennt, dass sie es ist, dann kommt er zur Ruhe.

Ein und derselbe Christus kann Vater und Mutter genannt werden: Als Vater derer, die den Geist der Kindschaft haben, als Mutter derer, die Milch brauchen und feste Nahrung nicht verdauen können.

Es ist wertvoller, Fremdling zu sein, als Fremde aufzunehmen.

Wenn jemand Abba Apollo um Hilfe bei irgendeiner Arbeit bat, dann kam er mit Freuden. Nachher sagte er: «Mit Christus habe ich heute für meine Seele gearbeitet. Das ist der Lohn für die Seele.»

Es steht geschrieben: Der Gerechte blüht wie eine Palme. Durch dieses Wort werden die Früchte guter Werke als hoch, aufrecht und süss bezeichnet. Denn wie die Palme ein weisses Mark hat, das alle Kraft in sich schliesst, so ist es auch mit dem Gerechten: Er hat ein einfaches und schlichtes Herz, das allein auf Gott achtet. Es ist aber auch weiss; denn es ist erleuchtet durch den Glauben, und alles gute Wirken des Gerechten ist in ihm, und die Schärfe seiner Stacheln ist der Schutz gegen den Teufel.

Wer ein Stück Eisen hämmert, überlegt zuerst, was er machen will, eine Sichel, ein Schwert oder ein Beil. So müssen auch wir überlegen, welche Tugend wir anstreben wollen, damit wir uns nicht umsonst anstrengen.

Früher, als diejenigen, die unsere Altväter befragten, auch taten, was man ihnen sagte, da teilte Gott den Altvätern immer mit, wie und was sie reden sollten. Jetzt aber, da einige zwar noch fragen, aber nicht tun, was sie hören, weiss unser Einer nichts mehr zu sagen.

Wir brauchen nichts als einen wachen Geist.

Hoffe nie, dass etwas so ausgeht, wie es dir am besten erscheint, sondern so, wie es Gott gefällt. Dann bist du frei von Zwängen und kannst Gott im Gebet danken.

Von der Nachfolge

Dialoge

«Wie kommt es, dass wir, trotz hoher Bildung und Philosophie nichts haben, während diese Bauern und Ägypter so grosse Tugenden besitzen?»
«Wir haben nichts von der weltlichen Bildung, aber diese ägyptischen Bauern haben die Tugenden im Gehorsam erworben.»

«Ich spüre keinen Kampf in meinem Herzen.»
«Du bist wie eine Flügeltür. Wer will, kann hineingehen, wann er will, und hinausgehen, wann er will, und du merkst nicht, was geschieht. Hättest du aber eine richtige Tür und würdest sie schliessen und keine bösen Gedanken hineinlassen, dann würdest du sie draussen stehen sehen, wie sie gegen dich kämpfen.»

«Warum urteile ich eigentlich so häufig über meine Brüder?»
«Weil du dich selbst noch nicht kennst. Denn wer sich selbst kennt, der sieht die Fehler seiner Brüder nicht.»

«Was soll ich tun? Viele unnütze Gedanken bedrängen mich, und ich weiss nicht, wie ich sie bekämpfen soll».
«Bekämpfe nicht alle Gedanken, sondern nur einen. Denn alle schlechten Gedanken haben eine Quelle. Man muss sie suchen, über sie nachdenken und ihr widerstehen. So werden auch die anderen Gedanken in ihre Schranken verwiesen.»

«Welches gute Werk soll ich tun?»
«Sind nicht alle Taten gleich? Abraham war gastfreundlich – und Gott war mit ihm. Elias liebte die Herzensruhe – und Gott war mit ihm. David war demütig – und Gott war mit ihm. Was deine Seele im Einklang mit Gott anstrebt, das tue, und du wirst dein Herz bewahren.»

Ein Abba und sein Schüler flechten an einem Seil. Da fragt der Schüler: «Abba, was muss man tun, um gerettet zu werden?»

«Du siehst es gerade.»

Geschichten

Als der Altvater Antonios einmal in der Wüste sass, in depressiver Stimmung und mit düsteren Gedanken, sprach er zu Gott: «Herr, ich will gerettet werden, aber meine Gedanken lassen es nicht zu. Was soll ich in dieser meiner Not tun? Wie kann ich das Heil erlangen?» Bald darauf stand er auf, ging hinaus und sah einen, der ihm glich. Der sass da und arbeitete, dann stand er auf und betete, dann setzte er sich wieder hin und flocht ein Seil. Dann stand er wieder auf, um zu beten, und siehe, ein Engel des Herrn wurde gesandt, um Antonius zu belehren und zu trösten. Und er hörte den Engel sagen: «Tue dies, so wirst du errettet werden.» Als er das hörte, wurde er mit grosser Freude und mit Mut erfüllt, und indem er so handelte, fand er Rettung.

Ein Bruder namens Serapion besass nichts als das Evangelium. Aber auch das verkaufte er, um die Armen zu ernähren. Seine Worte sind es wert, in Erinnerung zu bleiben: «Ich habe sogar das Wort verkauft, das mir geboten hat: ‹Verkauft alles und gebt es den Armen.›»

Ein Altvater hatte eines Tages eine erschütternde Vision und hielt den Kopf tief gebeugt. Erst nach einigen Stunden erhob er sich und klagte laut. Sein Schüler, der bei ihm stand, fragte: «Was hast du, Vater?» Er aber schwieg und klagte. Als der Schüler ihn nun immer mehr drängte, ihm zu sagen, warum er so verstört sei, antwortete er schliesslich: «Ich fand mich in das Jüngste Gericht versetzt, mein Sohn, und sah viele, die unser Mönchsgewand trugen, zur Strafe geführt werden, viele Laien aber in das Reich Gottes eingehen.»

Abba Mios wurde von einem Soldaten gefragt, ob Gott einem Sünder vergibt. Der Weise belehrte ihn ausführlich und stellte ihm schliesslich eine Gegenfrage: «Sage mir, mein lieber, würdest du deinen Mantel wegwerfen, wenn er an einer Stelle kaputt wäre?»

«Aber nein», antwortete der Soldat, «ich würde ihn flicken und weiter tragen.»

Der Weise antwortete ihm: «Wenn du so sorgsam mit deinem Mantel umgehst, sollte Gott dann nicht auch gnädig mit seinen eigenen Geschöpfen sein?»

Als ich eines Tages am Meer entlangging, bekam ich Durst. Also sagte ich zu Abba Bessarion: «Abba, ich habe grossen Durst.»

Da betete er und sagte zu mir: «Trink aus dem Meer.»

Als ich das Wasser trank, war es süss, und ich füllte es in eine Flasche, um später nicht wieder Durst zu haben. Als der Abba dies sah, fragte er mich: «Warum tust du das?»

Ich antwortete: «Verzeih mir, aber ich möchte später nicht wieder Durst bekommen.» Da sagte der Weise: «Gott ist hier, Gott ist überall.»

Ein Bruder sagte zu einem Altvater: «Schau, Vater, ich frage die älteren Väter oft, ob sie mir einen Rat zum Heil meiner Seele geben können; aber was sie mir auch sagen, ich behalte nichts davon.»

Da standen aber zwei leere Gefässe, und der Altvater sagte zu ihm: «Geh und hole eines von diesen Gefässen und giesse Wasser hinein, spüle es aus und stelle es wieder an seinen Platz.»

Der Bruder tat dies einige Male. Dann sagte der Alte zu ihm: «Bring nun beide Gefässe her.»

Und als er sie gebracht hatte, fragte er ihn: «Welches von den beiden ist sauberer?» Der Bruder antwortete: «Das, in das ich das Wasser gegossen habe, um es zu spülen.»

Da sprach der Altvater zu ihm: «So ist es auch mit der Seele, mein Sohn, die oft die Worte Gottes hört. Wenn sie auch nichts von dem behält, was sie fragt, so ist sie doch reiner als die, die nicht fragt.»

Ein Greis wurde gefragt, was ein guter Bruder denken solle, wenn einige sich wieder dem weltlichen Leben zuwenden. Er antwortete: «Er soll daran denken, wie Hunde einem Hasen nachjagen. Einer der Hunde sieht den Hasen und rennt hinter ihm her. Die übrigen Hunde sehen, dass einer der ihren rennt, und folgen ihm. Und sie rennen bis die Meute schliesslich ablässt und sich wieder hinlegt. Nur der eine Hund, der den Hasen wirklich gesehen hat, jagt weiter, und kümmert sich nicht um das Gestrüpp und die Dornen, auch wenn er mitten hindurch läuft. So soll der Bruder den Herrn Jesus Christus suchen, der für ihn am Kreuz hing. Er kann jede Anfechtung überwinden, wenn er ihr begegnet und zu seinem Kreuz kommt.»

Ein Greis sass in seiner Zelle, da kam eine Stimme zu ihm, die sprach: «Komm her, ich will dir die Werke der Menschen zeigen!» Der Sprecher führte ihn an einen Ort und zeigte ihm einen Äthiopier, der Holz spaltete. Er hatte einen grossen Haufen beisammen, wollte ihn aufheben, schaffte es aber nicht. Anstatt ein Stück davon zu nehmen, spaltete er noch mehr Holz und legte es auf den Haufen. Das tat er lange Zeit. Der Sprecher ging weiter und zeigte ihm einen Mann, der an einem Teich stand und Wasser daraus in eine durchlöcherte Zisterne schöpfte, die das Wasser wieder in den Teich fliessen liess. Wieder sprach er zu ihm: «Komm, ich will noch etwas zeigen!» Er sah einen Tempel und zwei Männer auf Pferden. Sie trugen einen Balken quer, einer neben dem anderen. Sie wollten durch das Tor hineingehen, aber sie konnten es nicht, weil der Balken quer lag. Keiner der beiden wollte sich herablassen, den Balken hinter dem anderen zu tragen. Deshalb blieben sie ausserhalb des Tempels. «Mit den Trägern sind jene gemeint, die das Joch der Gerechtigkeit hochmütig tragen; sie konnten sich nicht dazu durchringen, sich auf den rechten Weg zu stellen und den demütigen Weg Christi zu gehen. Darum bleiben sie ausserhalb des Reiches Gottes. Der Holzspalter aber hat viel Schuld auf sich geladen. Statt Busse zu tun, fügt er seinen Sünden noch andere Ungerechtigkeiten hinzu. Der Wasserschöpfer ist ein Mensch, der zwar gute Werke tut, aber immer wieder Böses darunter mischt. So ist er mit seinen guten Werken dem Untergang geweiht. Darum soll jeder Mensch in seinen Werken vorsichtig sein, damit er sich nicht umsonst abmüht.»

Ein Altvater wurde zehn Jahre lang zutiefst von seinen Gedanken gepeinigt, dass er die Hoffnung verlor. Er sagte: «Mein Geist ist ein einziges Durcheinander, und obwohl ich einst für immer fortgehen wollte, werde ich jetzt in die Welt zurückkehren.» Aber als er sich auf den Weg machte, vernahm er eine Stimme: «Die zehn Jahre, in denen du gekämpft hast, sind deine Krone. So kehre zurück an deinen Ort, und ich werde dich von allen verwirrenden Gedanken befreien.» Er kehrte zurück und nahm die Arbeit der Kontemplation wieder auf.

2
In der Stille

Hätte ich doch Flügel wie die Taube,
ich wollte fliegen und mir eine Bleibe suchen.
Sieh, weit weg wollte ich flüchten,
in der Wüste bleiben über Nacht.
An einen sicheren Ort möchte ich eilen
vor dem tobenden Wind, vor dem Sturm.
Psalm 55,7–9

Sprüche

Gehe und setze dich in deine Zelle, und deine Zelle wird dich alles lehren.

Die Zelle des Mönchs ist der babylonische Feuerofen, in dem die drei Jünglinge den Sohn Gottes fanden. Sie ist aber auch die Wolkensäule, aus der Gott zu Mose sprach.

Wenn du die Stille erlangt hast, so bilde dir nicht ein, du hättest eine Leistung vorzuweisen, sondern sprich zu dir selbst: Ich bin unwürdig zu reden.

Lehre deinen Mund aussprechen, was in deinem Herzen ist.

Wer in der Einsamkeit sitzt und Stille hat, ist drei Kriegen entkommen: Den Kriegen des Hörens, des Sprechens und des Sehens. Er hat nur einen einzigen Kampf zu bestehen, den des Herzens.

Der Mönch, der die Herzensruhe liebt, bleibt von den Geschossen des Feindes unverwundet. Wer sich aber unter die Masse mischt, der bekommt dauernd Schläge.

Solange ein Mensch nicht in seinem Herzen sagt: «Nur ich und Gott sind in dieser Welt», wird er die Stille nicht gewinnen.

Verhalte dich immer wie einer, der anfängt, und wo du auch bist, lass dein eigenes Wort nicht Macht über dich gewinnen, und du wirst Ruhe finden.

«Abba, gib dem Bischof einen Ratschlag, damit seine Seele davon profitiert!»
«Wenn jemand keinen Nutzen aus meinem Schweigen zieht, so kann er auch keinen Nutzen aus meiner Rede ziehen.»

Von Abba Agathon hiess es, drei Jahre lang habe er einen Kieselstein im Munde herumgetragen, bis er gelernt hatte zu schweigen.

Trenne die Zuneigungen der vielen von dir ab, damit dein Geist nicht verwirrt und deine Ruhe nicht zerstört werde.

Einer schweigt scheinbar, kritisiert aber in seinem Inneren andere. In Wirklichkeit redet dieser ununterbrochen. Ein anderer mag von morgens bis abends ununterbrochen reden, aber er sagt nur das Nützliche und bewahrt so sein Schweigen.

Es wird eine Zeit kommen, in der die Mönche, statt die Einsamkeit zu suchen, sich in den bevölkerungsreichsten Städten niederlassen werden; dort werden sie prächtige Gebäude errichten, gute Speisen suchen und sich in nichts mehr von den Menschen der Welt unterscheiden als in ihrer Kleidung. Aber es wird immer Einzelne geben, in denen der ursprüngliche Geist des Mönchtums erhalten bleibt.

Wie ein Baum, den man oft verpflanzt, keine Frucht bringt, so kann auch ein Mensch keine Frucht bringen, der in seinem Tun ständig hin und her rennt.

Viele haben sich in dieser Zeit die Ruhe selbst genommen, ehe Gott sie ihnen gewährte.

Dialoge

Ein Altvater fragte einen anderen: «Warum fliehst du vor uns?»
 Der Greis antwortete ihm: «Gott weiss, dass ich euch liebe! Aber ich kann nicht zugleich bei Gott und bei den Menschen sein. Die Tausenden und Zehntausenden im Himmel haben einen einzigen Willen, die Menschen aber viele Willensneigungen. Ich kann also nicht Gott verlassen und zu den Menschen kommen.»

Ein Altvater kam an einen Ort, wo viel Schilf war, und der Wind bewegte es hin und her. Da sprach der Alte zu den Brüdern: «Was rauscht da?»
 Sie antworteten: «Das ist das Schilf!»
 Da sagte der Altvater: «Wahrlich, wenn jemand die Stille des Herzens übt und hört auch nur das Zwitschern eines Spatzen, dann hat sein Herz nicht mehr die gleiche Ruhe.

In der Stille

Wie viel mehr gilt das für euch, die ihr das Rauschen des Schilfs hört.»

Ein Altvater sagte: «Brüder, wenn der gemeinsame Gottesdienst zu Ende ist, so flieht!» Einer der Brüder wandte ein: «Wohin sollen wir denn noch fliehen aus dieser Einöde?» Da legte er den Finger auf den Mund und antwortete: «Das meine ich mit fliehen.» Und er ging in seine Zelle, schloss die Tür und blieb für sich allein.

«Wie lange muss ich Stillschweigen bewahren, Vater?»
«So lange, bis du gefragt wirst. Denn überall, wo du schweigsam bist, bist du im Besitz der Stille.»

Ein Besucher lobte die Arbeit eines Altvaters. Dieser arbeitete gerade an einem Seil und erwiderte nichts. Der andere versuchte noch einmal, ihm ein Wort zu entlocken, aber wieder schwieg er. Beim dritten Mal sagte er zu dem Besucher: «Seit du hier bist, hast du Gott von mir vertrieben.»

Ein Bruder fragte einen Altvater: «Wenn einer der Brüder unruhige Gedanken zu mir bringt, muss ich ihm dann nicht sagen, dass er es nicht tun soll?»
«Nein», antwortete der Altvater.
«Aber warum nicht?», fragte der Bruder.
Da antwortete ihm der Altvater: «Weil auch wir unsere Gedanken nicht im Zaum halten können. Kaum haben wir nämlich dem anderen gesagt: Tu das nicht!, da ertappen wir uns dabei, dass wir dasselbe tun.»
Der Bruder fragte: «Was können wir denn tun?»
Der Altvater antwortete: «Wenn wir die Stille wirklich hüten wollen, dann genügt das auch für den Nächsten.»

Ein Philosoph bedauerte einmal einen Altvater: «Wie kannst du ohne den Trost von Büchern leben?»

Der Altvater darauf: «Mein Buch ist die Natur mit all ihren Geschöpfen. Dieses Buch ist immer bei mir, vor mir und um mich herum. Und wenn ich darin zu lesen beginne, lese ich die Worte des allmächtigen Gottes.»

Ein Bruder kam zu einen Altvater und fragte ihn: «Was soll ich machen, Vater? Ich tue nichts, was einem Mönch gebührt, sondern verbringe meine Zeit unachtsam mit Essen, Trinken und Schlafen, und werde von stündlich wechselnden Gedanken heimgesucht. Das lastet auf mir, und ich gehe daran zugrunde.» Der Altvater antwortete: «Sitze du in deiner Zelle und tue, was du kannst, ohne dich zu sorgen, und verlasse dich auf Gott! Denn wer um Gottes willen in seiner Zelle sitzt, den wird man nicht für geringer halten als den Altvater Antonius.»

«Was ist die Herzensruhe, und was ist ihr Nutzen?»
«Die Herzensruhe ist, in Ehrfurcht und Erkenntnis Gottes in der Zelle zu sitzen und sich von der Erinnerung an Erlittenes und von Hochmut fernzuhalten. Solche Ruhe ist die Mutter aller Tugenden, sie bewahrt den Mönch vor den feurigen Geschossen des Feindes und lässt ihn nicht von ihnen verwundet werden. Ja, Bruder, erwirb sie, eingedenk deines Todes, weil du nicht weisst, zu welcher Stunde der Dieb kommt. Im Übrigen sei wachsam für deine eigene Seele.»

«Was muss ich tun, Vater?»
«Schweige, und vergleiche dich nicht mit den anderen.»

Ein jüngerer Bruder fragte einen älteren: «Was soll ich mit meiner Zunge machen – ich kann sie nicht beherrschen.»
Der Altvater antwortete ihm: «Hast du Ruhe, wenn du redest?»
Er sagte: «Nein.»

Darauf der Altvater: «Wenn du keine Ruhe hast, was redest du dann? Schweige also lieber. Und wenn es zu einem Gespräch kommt, dann höre lieber zu, als dass du redest.»

Geschichten

Drei, die das Heil suchten und sich mochten, wurden Mönche. Einer von ihnen machte es sich zur Aufgabe, Streitenden zum Frieden zu verhelfen, gemäss dem Wort der Schrift: Selig sind die Friedfertigen. Der zweite nahm sich vor, die Kranken zu besuchen. Der dritte aber ging fort, um in der Einsamkeit die Stille zu gewinnen. Der erste nun gab sich grosse Mühe in den Streitigkeiten der Menschen; aber er konnte nicht alles in Ordnung bringen. Schliesslich gab er sich geschlagen, ging zu dem, der die Kranken pflegte, und fand auch ihn am Ende seiner Kräfte, unfähig, sein Vorhaben zu vollenden. Da beschlossen sie beide, aufzubrechen und den aufzusuchen, der in die Wüste gegangen war. Sie erzählten ihm ihre Nöte und baten ihn, ihnen zu sagen, was er selbst erreicht habe. Er überlegte ein wenig. Dann goss er Wasser in ein Gefäss und sagte zu ihnen: «Achtet auf das Wasser!» Dieses war unruhig. Kurze Zeit darauf sagte er wieder: «Seht, wie klar das Wasser geworden ist!» Und als sie das Wasser betrachteten, sahen sie ihre Gesichter wie in einem Spiegel. Da sagte er zu ihnen: «So geht es dem, der inmitten unter den Menschen ist. Im Getümmel sieht er seine Sünden nicht. Wenn er aber still wird, besonders in der Einsamkeit, dann sieht er seine Fehler.»

Einige Brüder aus der Sketis, die den Altvater Antonius besuchen wollten, bestiegen ein Schiff, um zu ihm zu gelangen. Auf demselben Schiff befand sich ein Altvater, der ebenfalls auf dem Weg zu Antonius war. Die Brüder aber kannten ihn nicht. Und während sie im Schiff sassen, erzählten sie viel von den Worten der Väter, von der Heiligen Schrift und auch von dem, was sie selbst getan hatten. Der Altvater schwieg zu allem. Erst als sie den Hafen erreicht hatten, merkten sie, dass auch er zum Altvater Antonius wollte. Als sie nun zu ihm kamen, sprach er zu ihnen: «In diesem Altvater habt ihr einen guten Reisegefährten gefunden.» Und zum Altvater sagte er: «Du hast gute Brüder bei dir gehabt, Vater.» Da antwortete der Altvater: «Es mögen gute Brüder sein, aber ihre Wohnung hat keine Tür. Jeder, der will, kann in den Stall gehen und den Esel losbinden.»

Es kamen einmal einige Brüder, um einen Altvater auf die Probe zu stellen. Denn er liess nicht zu, dass sein Geist sich in weltlichen Gedanken zerstreute und sprach nie über weltliche Dinge. Sie sagten zu ihm: «Gott sei Dank! In diesem Jahr hat es viel geregnet, und durch die Feuchtigkeit beginnen die Palmen reichlich Zweige zu treiben. So haben die Brüder, die von ihrer Hände Arbeit leben, genügend zu tun.» Da sprach der Altvater zu ihnen: «So ist es, wenn der Heilige Geist in die Herzen der Heiligen kommt: Sie bringen Zweige hervor in Ehrfurcht vor Gott.»

3
Über das Gebet

Meine Seele dürstet nach Gott,
dem lebendigen Gott.
Wann darf ich kommen
und Gottes Angesicht schauen?
Psalm 42,3

Sprüche

Geistlichen Lieder seien in deinem Mund, und fleissige Meditationen sollen das Gewicht der Versuchungen heben, die über dich kommen. Es ist wie bei einem Wanderer, dessen Gepäck besonders schwer wiegt. Er schöpft erst einmal neuen Atem, ehe er die Mühsal der Last und des Weges wieder auf sich nimmt.

Viele reden zu mitternächtlicher Stunde mit Gott, sie umarmen ihn und halten ihn in ihrem Herzen.

Wenn wir Gott suchen, wird er sich uns zeigen. Und wenn wir ihn festhalten, wird er bei uns bleiben.

Was immer du getan hast, um dich an deinem Bruder zu rächen für das, was er dir angetan hat – in der Stunde des Gebets wird alles in deinem Herzen wach werden.

Über das Gebet

Willst du ein Tempel Gottes sein, so bringe ihm das immerwährende Gebet als unaufhörliches Opfer dar.

Fleissiges Beten bringt den Geist schnell in Ordnung.

Suche Gott, aber frage nicht, wo er wohnt!

Wir erkennen Gleiches durch Gleiches und durch die Liebe die Liebe und durch die Gerechtigkeit die Gerechtigkeit.

Wenn dir deine Gedanken sagen: «Lass heute im Gebet nach, morgen kannst du umdenken.» – dann widerspreche ihnen und sage: «Nein, heute will ich umdenken; morgen aber geschehe Gottes Wille!» Wenn der Mensch die Ordnung einhält, dann wird er nicht verwirrt.

Ein Altvater sprach: «Ich bin wie ein Mensch, der unter einem grossen Baum sitzt und sieht, wie viele wilde Tiere und Schlangen auf ihn zukommen. Kann er gegen sie nicht mehr bestehen, dann klettert er schnell auf den Baum und rettet sich. So auch ich: Ich sitze in meiner Zelle und sehe schlechte Gedanken kommen, und wenn ich gegen sie nichts mehr vermag, dann fliehe ich zu Gott im Gebet und werde so vor dem bösen Feind gerettet.»

Wenn dein Geist dich im Stich lässt, bete! Bete mit Ehrfurcht, mit Zittern und Mühe, nüchtern und wachsam! So muss gebetet werden, besonders um unserer gefährlichen unsichtbaren Feinde willen, die nach dem Unwürdigen trachten und uns vor allem am Beten hindern wollen.

Lasst uns oft beten, aber immer nur kurz, damit nicht der böse Feind, der uns auflauert, unserem Herzen nicht Hochmut einflösst, der uns zu Fall bringt. Was zählt, ist ein reuiges und demütiges Herz. Wenn wir diszipliniert in der

Spannung der Seele beten, dann können wir voller Kraft singen: «Mein Gebet steige auf wie Weihrauch vor deinem Angesicht; ein Abendopfer sei die Erhebung meiner Hände.» Ein solches Gebet ist wirksam.

So wie es unmöglich ist, sein Angesicht in bewegtem Wasser zu betrachten, so kann die Seele, wenn sie nicht vorher von allen fremden Gedanken gereinigt worden ist, nicht gesammelt zu Gott beten.

Dialoge

«Was sitzest du hier?»
　«Ich sitze nicht, ich gehe.»
　«Wohin gehst du?»
　«Zu Gott!»

Ein Altvater wurde von einem Bruder gefragt: «Wenn ich gesündigt habe, sei es auch nur geringfügig, und mich grüblerische Gedanken bedrängen und zu mir sagen: Warum hast du gesündigt? Was soll ich dann tun?» Der Altvater antwortete: «Zu welcher Stunde, in der auch ein Mensch in Schuld fällt und aus der Tiefe seines Herzens spricht: Herr Gott, ich habe gesündigt, vergib mir, weicht alsbald die verzehrende Macht des Grübelns und der Traurigkeit.»

Ein Bruder fragte einen Altvater: «Wenn mich schwerer Schlaf überfällt und die Stunde meines Gebetsdienstes vorbeigeht, dann will sich meine Seele vor Scham nicht mehr ins Gebet schicken.» Und der Altvater sprach: «Wenn es dir geschieht, dass du bis zum Morgen durchschläfst, so stehe auf, sobald du wach wirst, schliesse Tür und Fenster und halte dein Gebet. Denn es steht geschrieben: Dein ist der Tag und dein ist die Nacht. Gott wird zu jeder Zeit verherrlicht.»

Über das Gebet

Ein Bruder sagte zu einem Altvater: «Bete für mich!» Der Altvater entgegnete ihm: «Weder ich habe Erbarmen mit dir, noch Gott, wenn du dich nicht selbst anstrengst und Gott bittest.»

«Welches verdienstvolle Verhalten im Mönchsleben macht die meiste Mühe?»

«Ich glaube, es gibt keine grössere Anstrengung als das Gebet zu Gott. Denn sobald ein Mensch zu seinem Gott beten will, eilen regelmässig die feindlichen Dämonen herbei, um sein Gebet zu unterbrechen. Sie wissen, dass sie durch nichts so gehindert werden wie durch ein Gebet, das zu Gott strömt. Wenn man sich allen anderen Pflichten, die man als Mönch auf sich genommen hat, mit gleicher Sorgfalt und Geduld widmet, hat man eine gewisse Ruhe. Das Gebet aber ist bis zum letzten Atemzug unablässig wichtig und setzt die Anstrengung eines gewaltigen Kampfes voraus.

«Wie sollen wir beten?»

«Es ist nicht nötig, im Gebet viel zu reden, sondern oft die Hände auszustrecken und zu sagen: Herr, wie du willst und wie du weisst, erbarme dich mein! Ist aber Krieg in der Seele, genügt es, die eine Bitte immer zu wiederholen: Hilf mir! Und weil er selbst weiss, was nötig ist, erbarmt er sich unser.»

Geschichten

Einem Altvater war es überaus lästig, wenn Leute ihn beim Beten aufsuchten und störten. Wenn sie sich endlich auf seine Bitten hin entfernten, setzte er sofort sein Gebet fort. Wenn sie aber auch beim zweiten Mal seine Aufforderung nicht verstanden, wegzugehen, schickte er sie mit deutlichen Worten weg. Ich habe schon mehrmals mit ihm darüber gesprochen und ihm zu bedenken gegeben, dass die Leute es sehr schlecht auffassten, wenn er sie ohne Segen wegschickte. Es gehöre sich nicht, Menschen, die von sehr weit hergekommen seien, mit groben Worten abzuweisen. Vielmehr solle er sie freundlich empfangen und durch geistliche Gespräche erquicken und trösten. Er antwortete mir: «Ich bin nicht für andere in die Wüste gekommen, sondern nur für mich. Da ich noch voller Sünden und seelischer Gebrechen bin, bedarf ich dringend Medikamente; so bitte ich den gütigen Gott, dass er meine Leidenschaften heile. Wäre es daher nicht unverzeihlich und dumm, das Gebet zu unterbrechen, um mit den Leuten zu plaudern? Stell dir vor, ich stünde im Dienst eines menschlichen Herrn. Wenn ich mit meinen Kollegen schwatzen würde, anstatt ihn bei Tisch zu bedienen, verdiene ich dann nicht zu Recht einen scharfen Tadel? Oder, wenn ich vor den Oberrichter käme und meinen Bericht plötzlich unterbrechen würde, um mich mit einem zufällig Anwesenden zu unterhalten, würde der Richter dann nicht zornig werden, mir seine Unterstützung verweigern und mich aus dem Gerichtssaal hinauswerfen lassen? Wenn es sich also für den Diener vor dem Herrn und dem Bittsteller vor dem Richter gehört, sich anständig zu benehmen: Warum sollte ich nicht dasselbe tun vor dem ewigen und allmächtigen Gott, den gerechtesten Richter und König aller Könige? Und warum sollte ich mich, während ich bete, anderen Menschen zuwenden und mit ihnen allerlei Geschwätz anfangen?»

Eines Tages kamen einige Mönche, die man die Beter nannte, zum Altvater Lukios in Enaton. Der Altvater fragte sie: «Was ist euer Handwerk?»

Sie antworteten: «Wir rühren keinen Finger an ein Handwerk, sondern, wir beten ohne Unterlass, wie der Apostel dies sagt.»

Da sprach der Alte zu ihnen: «Esst ihr nichts?»

«Doch.»

Und der Altvater antwortete: «Wenn ihr also esst, wer betet dann an eurer Stelle?» Wieder sprach er: «Schläft ihr nicht?»

«Doch.»

Und er sagte zu ihnen: «Wenn ihr also schläft, wer betet an eurer Stelle?»

Sie schwiegen.

Er aber sagte: «Verzeiht mir, aber ihr tut nicht, was ihr sagt. Ich will euch zeigen, wie ich, während ich meine Arbeit verrichte, unablässig bete. Ich setze mich mit Gott nieder, weiche meine kleinen Palmfasern ein und flechte sie zu einem Seil. Dabei sage ich: ‹Sei mir gnädig, o Gott, in deiner grossen Barmherzigkeit, und nach der Grösse deiner Barmherzigkeit wasche du meine Ungerechtigkeit ab.›» Und er fragte sie: «Ist das kein Gebet?»

«Doch.»

Da sagte er: «Wenn ich den ganzen Tag mit Arbeiten und Beten verbringe, dann verdiene ich sechs Münzen, mal mehr, mal weniger. Zwei davon verschenke ich an der Tür, mit den anderen bezahle ich mein Essen. Und ich bitte den, der die zwei Münzen bekommen hat, für mich zu beten, wenn ich esse oder schlafe. Und durch die Gnade Gottes wird so von mir das unablässige Beten erfüllt.»

4
Von der Geduld

Die Getreuen behütet der Herr …
Seid stark, euer Herz sei unverzagt,
ihr alle, die ihr harrt auf den Herrn.
Psalm 31,24–25

Sprüche

Wenn dich körperliche Schwäche befällt, dann werde nicht kleinmütig. Denn wenn Gott der Herr will, dass dein Körper schwach sei; wer bist du, dass du mit Unwillen gegen den Himmel blickst? Sorgt er nicht für dich in allen Dingen? Wie willst du leben ohne ihn? So ertrage es geduldig und bitte ihn, dass er dir gebe, was dir nützt, nämlich, dass du seinen Willen tust, und mache dich bereit, in Geduld zu verarbeiten, was du in Liebe empfängst.

Wer Gott seine Seele schenkt, hat keinen Willen mehr, sondern erwartet in Ruhe Gottes Willen. Willst du aber deinen Willen durchsetzen, ohne dass Gott mitwirkt, dann wirst du schnell ermüden.

In allen Dingen erweist du dich als weise, wenn du sie mit Geduld erträgst. Sie werden dir zur Zeit des Gebetes als Frucht reifen.

Von der Geduld

Dialoge

Ein Altvater rief Gott an, und die Leidenschaften wurden von ihm genommen, so dass er keine Sorgen mehr hatte. Er ging nun fort und sagte zu einem Altvater: «Ich merke, dass ich in Ruhe bin und keine Anfechtung mehr habe.» Der Altvater sprach zu ihm: «Geh und rufe zu Gott, dass sich ein Feind gegen dich erhebe, und dass die alte Reue und Demut, die du früher hattest, wieder komme! Denn gerade durch die Anfechtung macht die Seele Fortschritte.» So betete er, und als der Feind kam, betete er nicht mehr, dass er von ihm befreit werde, sondern sagte: «Gib mir Geduld, Herr, in den Kämpfen!»

Ein Bruder fragte einen Altvater: «Meine Gedanken schweifen ab. Das bedrückt mich.» Und jener sagte: «Bleibe nur in deiner Zelle sitzen, dann kommen die Gedanken wieder. So ist es auch, wenn eine Eselin angebunden ist. Ihr Füllen läuft umher, hierhin und dorthin; aber wohin es auch geht, es kehrt immer wieder zu seiner Mutter zurück. So ist es auch mit den Gedanken dessen, der um Gottes willen geduldig in seiner Zelle sitzt. Auch wenn sie ein wenig umherschweifen, kehren sie doch immer wieder zu ihm zurück.»

Ein Bruder fragte einen Altvater: «Warum fürchten dich die Dämonen so sehr?» Der Altvater antwortete: «Seit ich Mönch geworden bin, bemühe ich mich, den Zorn nicht bis zur Kehle aufsteigen zu lassen.»

Ein Bruder sagte zu einem Altvater: «Meine Gedanken quälen mich und sagen mir: Du kannst nicht fasten und auch nicht arbeiten, so besuche wenigstens die Kranken; denn auch das ist Liebe.»

Der Altvater aber, der die Saat der Dämonen kannte, sagte zu ihm: «Geh und iss, trink, schlaf und arbeite nicht, aber verlass deine Zelle nicht!»

Einige Brüder kamen zu einem Altvater, der in der Wüste wohnte. Sie trafen dort Kinder an, die das Vieh hüteten und immer wieder sehr hässliche Worte zueinander sagten. Nachdem sie den Altvater über ihre eigenen Gedanken befragt und von ihm Antwort erhalten hatten, fragten sie ihn: «Wie kannst du es zulassen, Vater, dass diese Kinder so reden, warum verbietest du es nicht?» Der Altvater sagte: «Wirklich, meine Brüder, auch mir ist schon oft der Gedanke gekommen, ihnen etwas zu sagen. Doch habe ich mich jedes Mal zurechtgewiesen und gedacht: Wenn ich schon diese Kleinigkeit nicht ertragen kann, wie soll ich dann zu gegebener Zeit eine grössere Versuchung ertragen? Ich sagte ihnen also nichts, um mich in Geduld zu üben.»

Geschichte

Ein Bruder, der für sich allein wohnte, wurde unruhig. Da ging er zu einem Altvater und klagte ihm seine Not. Der Altvater aber sprach zu ihm: «Geh, mache deinen Geist demütig, ordne dich unter und wohne mit anderen zusammen!» Da ging er in die Wüste und wohnte mit anderen zusammen. Danach aber kam er wieder zu dem Altvater und berichtete: «Auch wenn ich mit anderen Menschen wohne, finde ich keine Ruhe.» Da sprach der Altvater zu ihm: «Wenn du weder für dich allein noch im Zusammenleben mit anderen Ruhe findest, warum bist du dann Mönch geworden? Hast du es nicht getan, um Bedrängnisse auszuhalten? Sag mir, wie viele Jahre hast du so gelebt?» Und er sprach: «Acht Jahre.» Da sagte der Altvater zu ihm: «Glaube mir, ich habe siebzig Jahre auf diese Weise gelebt und keinen einzigen Tag Ruhe gefunden. Und du willst nach acht Jahren Ruhe finden?»

5
Über die Demut

Wenn ich deinen Himmel sehe, das Werk deiner Finger,
den Mond und die Sterne, die du hingesetzt hast:
Was ist der Mensch, dass du seiner gedenkst,
und des Menschen Kind, dass du dich seiner annimmst?
Psalm 8,4–5

Sprüche

Dankbarkeit ist die eigentliche Demut Gott gegenüber.

Die Demut ist das Land, von dem Gott befohlen hat, dass man ihm darin opfern solle.

Eine arrogante und böse Rede verführt auch gute Menschen zum Bösen. Aber eine demütige und gute Rede verändert auch die Bösen zum Besseren.

Es gibt keine grössere Tugend als niemanden zu verachten.

Ein Altvater sagte, das Mönchsgewand müsse so beschaffen sein, dass niemand es stehle, selbst wenn man es aus der Zelle würfe und es drei Tage lang draussen liegen lasse.

Ich will lieber in Demut überwunden werden als mit Hochmut siegen.

Über die Demut

Wir schütteln eine leichte Last ab: die Selbstkritik – und nehmen eine schwere Last auf uns: die Selbstrechtfertigung.

Ohne Sanftmut und Demut ist es nicht möglich, die gegenseitige Liebe zu bewahren. Wenn du einen Menschen findest, der mit seinem eigenen Willen zum Himmel aufsteigt, so fasse ihn bei den Füssen und wirf ihn auf die Erde, denn es ist besser für ihn.

Demut und Gottesfurcht übertreffen sämtliche Leistungen.

Wehe dem Menschen, dessen Name grösser ist als seine Taten!

Jede Prüfung macht uns demütiger; denn Gott kennt unser Versagen und beschützt uns. Aber angesichts unseres Stolzes zieht Gott seine Hand von uns zurück. Dann sind wir wirklich verloren.

Dialoge

Es kam einmal ein Bruder zu einem Altvater und fing an, über Dinge zu reden und Bemerkungen zu machen, von denen er noch keine Erfahrung hatte. Da sprach der Alte zu ihm: «Noch ist das Schiff nicht angekommen, noch hast du das Gepäck nicht darauf verstaut, noch bist du nicht in See gestochen, und doch bist du schon in jener Stadt angekommen. Erledige erst deine Arbeit, dann komm und rede mit mir.»

Als einmal ein Altvater, der aus der Grossstadt stammte, einen ägyptischen Wüstenvater um Rat wegen seinen Gedanken fragte, sah ihn ein anderer und sagte: «Vater, wie kommt es, dass du, der du eine so grosse Bildung in der lateinischen und griechischen Sprache besitzt, einen solchen

Bauern um Rat fragst?» Und jener antwortete: «Ich habe mir zwar die lateinische und griechische Bildung angeeignet, soweit sie zu dieser Welt gehört, aber das Alphabet dieses Bauern habe ich bis jetzt noch nicht verstanden.»

«Sage mir, wie ich ein Mönch werden kann!»
«Wenn du Ruhe finden willst, in dieser Welt und in der zukünftigen, dann frage dich immer: Wer bin ich? – und verurteile niemanden!»

«Was ist besser: Rückzug oder Gemeinsamkeit mit anderen?»
«Wenn ein Mensch sich selbst kritisiert, dann kann er überall bestehen. Erhebt er sich aber, so kann er nirgends bestehen. Ein Mensch mag noch so viel Gutes getan haben, wenn er sich deswegen überhebt, wird er es bald verlieren.»

«Wer hat Josef verkauft?»
«Seine Brüder!»
«Nein, seine Demut hat ihn verkauft. Er hätte sagen können: Ich bin ihr Bruder, und er hätte widersprechen können. Aber indem er schwieg, verkaufte er sich durch seine Demut. Und die Demut hat ihn zum Herrscher über Ägypten gemacht».

«Was ist Demut?»
«Tue Gutes denen, die dich beleidigen.»
«Und was soll ich tun, wenn ich nicht so viel kann?»
«Ziehe dich zurück und halte den Mund!»

Geschichten

Ein Altvater hatte einen guten Schüler, den er einmal zornig wegschickte. Der Schüler aber setzte sich draussen vor die Tür und wartete. Als nun der Altvater öffnete und ihn fand,

Über die Demut

da tat er Busse bei dem Jüngeren und sagte: «Du bist nun mein Vater, denn deine Demut und Geduld haben meinen Kleinmut besiegt. Komm herein, aber so, dass du jetzt Greis und Vater bist, ich aber Jünger und Schüler, denn durch dein Verhalten hast du das Vorrecht meines Alters übertrumpft.»

Ein Altvater hatte sich vierzig Jahre lang willig Gott hingegeben, und Gott wirkte im Verborgenen Grosses durch ihn. Eines Tages aber kam eine Versuchung über ihn und er gefiel sich in dem Gedanken, dass er eine gewisse Vollkommenheit erlangt hätte. Da wandte er sich im Gebet an Gott und bat: «Zeige mir, was mir noch fehlt zur Vollkommenheit.» Eine Stimme sprach zu ihm, er solle zum jungen Hirten gehen, der in der Nähe die Schweine hütete, der werde es ihm sagen. Der Altvater gehorchte, ging zu dem Schweinehirten und sprach: «Es ist eine Stimme an mich ergangen, du wirst mir sagen, was ich tun soll, um Gott ganz zu gefallen.» Der Schweinehirt antwortete: «Wirst du es tun, wenn ich es dir sage?» Als der Altvater bejahte, sagte der Schweinehirt: «Nimm die Peitsche und hüte die Schweine!» Es war eine Eingebung, dass er so redete. Und siehe, der Altvater tat es sogleich, nahm die Peitsche und hütete die Schweine. Als ihn die Leute so sahen, spotteten sie über ihn und sagten: «Wunderbares hat man von ihm gehört, aber auf seine alten Tage ist er verrückt geworden und hütet die Schweine.» Der Altvater ertrug alles in Demut und Geduld. Gott aber freute sich über ihn, dass er trotz der Versuchung so willig gehorchte, segnete ihn noch mehr als zuvor und befahl ihm nach einigen Tagen, in seine Zelle zurückzukehren.

Zu einem Weisen, der in der Wüste Thebais lebte, kamen einst Menschen, um ihm einen Mann zu bringen, der von einem Dämon besessen war. In der Hoffnung, der Weise könne ihn heilen, bedrängten sie ihn sehr. Schliesslich wandte sich der Weise an den Dämon und sagte: «Fahr hinaus aus dem Geschöpf Gottes!» Der Dämon antwortete: «Ich bin bereit. Aber lass mich dir zuerst eine Frage stellen. Sage mir, wer sind die weissen Schafe und wer sind die schwarzen Schafe?» Da sprach der Weise: «Ein schwarzes Schaf ist ein Lebewesen wie ich, und die weissen Schafe, das weiss Gott allein.» Als der Dämon das hörte, rief er: «Damit ihr es wisst: Um dieser Demut willen fahre ich aus!» Und sofort war er verschwunden.

Ein Bruder fragte einen Altvater: «Wenn ich mich an einem Ort niederlassen will, wie willst du, dass ich dort lebe?» Der Alte sagte zu ihm: «Wenn du dich an einem Ort niederlässt, dann hüte dich, dir selber in irgendeiner Sache einen Namen zu machen, wie zum Beispiel: ‹Ich werde in die Versammlung gehen› oder: ‹Ich werde nicht am Agapemahl teilnehmen.› Denn das gibt dir einen leeren Namen, und später wirst du damit belastet werden. Denn wenn die Leute etwas derartiges ausfindig machen, dann laufen sie dorthin!» Da sprach der Bruder: «Was soll ich also tun?»

Der Alte antwortete ihm: «Wo immer du dich niederlässt, da sei den anderen gleich in deinem Verhalten. Und wenn du an den Frommen, deren Vollkommenheit du feststellst, etwas beobachtest, so tue es, und du wirst Ruhe haben. Denn das ist Demut, sich mit ihnen auf die gleiche Stufe zu stellen. Und wenn die Menschen sehen, dass du nicht über sie hinausgehst, werden sie dich ihnen gleich achten, und niemand wird dir lästig fallen.»

Einige Brüder aus der Sketis kamen einmal zusammen und verstrickten sich in Streitfragen über den Priesterkönig Melchisedek. Da kam ihnen der Altvater Kopri in den Sinn. Sie holten ihn herbei und befragten ihn darüber. Kopri aber schlug sich dreimal auf den Mund und sprach: «Weh dir, Kopri! Was Gott von dir verlangt hat, das lässt du liegen.

Was er aber dir nicht aufgetragen hat, das masst du dir an zu durchforschen.» Als das die Brüder hörten, flohen sie, einer nach dem andern, in ihre Zellen.

6
Von der Freude

Du hast mir meine Klage in Reigen verwandelt,
mein Trauergewand gelöst
und mich mit Freude umgürtet,
damit mein Herz dir singe und nicht verstumme.
Herr, mein Gott, in Ewigkeit will ich dich preisen.
Psalm 30,12–13

Sprüche

Als der grosse Vater Antonius in den Armen zweier junger Brüder in seiner Höhle starb, sagte er: «Bleibt nicht stehen auf dem Weg! Hütet euch vor dem Abfall vom Glauben! Bewahrt eure Freude!»

Was ewig ist und Zukunft hat, das Jenseitige, das sollen wir beharrlich, freudig und unerschütterlich im Auge behalten. Dann werden wir uns weder durch gelegentliche Zwischenfälle niederdrücken noch durch das Glück des Augenblicks zur Überheblichkeit verführen lassen; denn beides vergeht schnell, wenn wir es genau betrachten.

Flieht vor den Menschen oder macht euch über die Welt und die Menschen darin lustig. Und haltet euch manchmal selber zum Narren.

Von der Freude

Der Weg des Herrn hat etwas Belebendes, wenn man ihn so geht, wie er es gesagt hat. Wir selbst sind es, die uns mit all unseren turbulenten Beschäftigungen Schmerzen und Plagen zufügen, weil wir lieber die Wege dieser Welt mit all ihren Schwierigkeiten und Gefahren gehen. Und genau dadurch machen wir das Joch des Herrn für uns schwer und hart.

Die zu Gott gehen, haben am Anfang Kampf und viel Mühe. Danach aber ist die Freude unaussprechlich. So gleichen sie denen, die Feuer anzünden wollen und zuerst durch den Rauch geplagt werden und weinen müssen, dann aber das Gewünschte erlangen. Denn es steht geschrieben: Unser Gott ist ein verzehrendes Feuer. So müssen auch wir mit Tränen und Mühen das göttliche Feuer erhalten.

Dialoge

Einmal versammelten sich Brüder bei einem Altvater, und als sie so dasassen und Fragen stellten, freute er sich und sagte in guter Laune zu ihnen: «Heute bin ich König; denn ich habe die Herrschaft über die Leidenschaften erlangt.»

Ein Altvater lächelte immer. Als man ihn fragte, was der Grund für seine dauernde Fröhlichkeit sei, antwortete er: «Sie kommt daher, dass mir niemand meinen Christus nehmen kann.»

Geschichte

Der Altvater Apollonius und seine Brüder lebten ständig in ungewöhnlicher Heiterkeit und Fröhlichkeit, wie man sie bei keinem anderen Menschen auf Erden findet. Keiner von ihnen galt als traurig, und wenn sich einer doch betrübt zeigte, fragte der Vater Apollonius sofort nach dem Grund. Wenn einer etwas verheimlichen wollte, so geschah es oft, dass Apollonius ihm sogleich sagte, was er in seinem Herzen verbarg, und mancher entdeckte erst auf diese Weise den wahren Grund seines Leidens. Apollonius ermahnte sie oft und sprach: «Wer sein Heil in Gott sucht und auf das Himmelreich hofft, braucht nicht traurig zu sein. Lasst die Heiden trauern, lasst die Sünder ohne Unterlass weinen, aber die Gerechten sollen sich freuen. Die nach dem Irdischen trachten, freuen sich über das Nichtige und Vergängliche; wir aber erfreuen uns der Hoffnung auf die unvergängliche Herrlichkeit und wollen fröhlich sein. Ermahnt uns nicht der Apostel: ‹Seid allezeit fröhlich, betet ohne Unterlass und seid dankbar in allen Dingen.›»

7
Das geistliche Training (Askese)

Ich freue mich, meinen Weg nach deinen Vorschriften
zu gehen,
wie über allen Reichtum.
Psalm 119,14

Sprüche

Der Mensch wird durch die Gnade geheiligt, nicht durch sein menschliches Vermögen; aber wenn er die Gnade hat, dann um sie nach Kräften zu gebrauchen – was im Einzelnen nicht ohne Mühen geht!

Als David auf den Löwen traf, packte er ihn an der Kehle und tötete ihn. Wenn wir nun unsere Kehle und unseren Bauch festhalten, werden wir mit Gottes Hilfe den unsichtbaren Löwen besiegen.

Wenn wir in Gemeinschaft leben, dann muss man den Glauben der Askese vorziehen, denn die Askese lehrt Stolz, der Glaube Demut!

Wer die Welt liebt, liebt, was zum Anstoss wird.

Schon der Beginn der Berufung ist reine Gnade. Wir «erlaufen» uns den Siegeskranz nicht. Gott lässt uns Sieger sein, wenn wir den Gipfel der Vollendung erklimmen. Denn kein noch so grosses körperliches Leiden, keine noch so heftige Erschütterung des Herzens vermag uns die wahre Keuschheit des inneren Menschen erringen oder die himmlische Heimat erreichen. Ohne Gott erreichen wir nichts, denn das Gelingen eines guten Werkes ist Gnade.

Was bringt es, einen Beruf zu ergreifen, ohne ihn zu erlernen?

Nur wer auf dem Weg zu Gott alles verliert, gewinnt alles.

Wenn der Topf kocht, kann ihn keine Fliege und kein Krabbeltier berühren. Wenn er aber kalt ist, setzen sie sich darauf.

Wenn du aufstehst, dann sprich: Mein Leib, schufte und arbeite, damit du zu essen hast; und du, meine Seele, sei massvoll und rein, damit du dein väterliches Erbe nicht verlierst.

Wenn ihr in rechter Weise durch Fasten Askese übt, dann werdet nicht aufgeblasen; denn wenn ihr euch dessen rühmt, dann wäre es besser für euch, Fleisch zu essen. Es ist für den Menschen besser, Fleisch zu essen, als sich aufzublasen und sich zu rühmen.

Es gibt eine übertriebene Askese, die vom Feind ist. Denn auch dessen Schüler üben sie. Wie unterscheiden wir nun die göttliche, die königliche Askese von der tyrannischen, der dämonischen? Offensichtlich durch das rechte Mass. Du sollst immer ein Mass für das Fasten haben. Faste nicht vier oder fünf Tage, und breche es nachher nicht durch eine Fülle von Speisen. Denn Masslosigkeit bringt überall Verderben. Solange du jung und gesund bist, sollst du fasten. Das Alter kommt mit seiner Schwäche. Soviel du kannst, häufe dir einen Schatz an geistlicher Nahrung an, damit du Ruhe findest, wenn du nicht mehr kannst.

Besitzlosigkeit ist ein vollkommenes Gut für die, die sie ertragen können. Denn wer sie aushalten kann, der hat Bedrängnis im Fleisch, aber Ruhe in der Seele. Wie die groben, festen Kleider beim Waschen mit Füssen getreten und kräftig herumgeschüttelt werden, so wird auch die starke Seele durch die freiwillige Armut zu noch grösserer Anstrengung fähig.

Drei körperliche Übungen fanden wir bei Altvater Pambo: tägliches Fasten bis zum Abend, Schweigen und viel Handarbeit.

Wenn die Seele nicht im Einklang mit dem Leib ist, ist alle Mühe umsonst. Und: Wer Not und Trübsal in Liebe erträgt, wird danach Seligkeit und Erquickung erfahren.

Viele von den Altvätern waren tapfer in der Askese, aber im Feingefühl nur einer – nur einer!

Dialoge

Ein Bruder stellte einem Altvater folgende Frage: «Es sind zwei Brüder. Der eine sitzt schweigend in seiner Zelle, fastet sechs Tage die Woche und legt sich viel Entsagung auf. Der andere aber widmet sich den Kranken. Wessen Werk ist Gott wohlgefälliger?»
   Der Alte antwortete ihm: «Und wenn jener Bruder, der sechs Tage fastet, sich an den Nasenflügeln aufhängt, so ist er nicht gleich dem, der die Kranken pflegt.»

Ein Mönch, nur mit einer Matte bekleidet, kam zu einem Altvater. Als dieser ihn sah, sagte er zu ihm: «Das nützt dir nichts!» Der Mönch aber fragte ihn: «Drei Gedanken beschäftigen mich: Soll ich in der Wüste umherwandern –

oder soll ich in die Fremde gehen, wo mich niemand kennt –
oder soll ich mich in eine Zelle einschliessen, mit niemandem
sprechen und nur alle zwei Tage essen?» Der Altvater antwortete: «Keines dieser drei Dingen wird dir etwas nützen.
Viel besser ist es: Setz dich in deine Zelle, iss jeden Tag ein
wenig und behalte immer das Wort des Zöllners im Herzen:
‹Herr, sei mir Sünder gnädig!› So wirst du das Heil gewinnen.»

«Was muss ich tun, um gerettet zu werden?»
«Halte deinen Bauch klein, halte deine Handarbeit klein
und lass keine Unruhe in deine Zelle, so wirst du gerettet
werden.»

«Was muss ich tun, um gerettet zu werden?»
«Bleibe in deiner Zelle sitzen, iss wenn du hungrig bist,
trink wenn du durstig bist. Und sprich gegen niemanden ein
böses Wort, so wirst du gerettet werden.»

«Wie kann ich mein Herz bewahren?»
«Wie können wir unser Herz bewahren, wenn Mund
und Bauch offen stehen?»

Zwei Brüder kamen nach Ägypten zu einem Altvater. Er
gewährte ihnen Gastfreundschaft. Da fragten sie ihn: «Wenn
ihr Brüder zu Gast habt, warum haltet ihr dann nicht unser
Fastengebot?» Er antwortete: «Das Fasten ist immer bei mir,
aber euch kann ich nicht immer bei mir haben. Das Fasten ist
eine nützliche und notwendige Sache, aber es hängt von
unserer Entscheidung ab. Das Gesetz Gottes aber fordert vor
allem die Erfüllung der Liebe. In euch nehme ich nun Christus auf, und dafür muss ich mit allem Eifer sorgen. Wenn ich
euch dann entlasse, kann ich wieder fasten. Die Hochzeitsleute können nicht fasten, solange der Bräutigam bei ihnen
ist, wenn er aber weg ist, dann fasten sie mit Recht.»

«Was muss ich tun, um gerettet zu werden?»

«Verlasse dich nicht auf deine eigene Rechtschaffenheit; sorge dich nicht um das, was du getan hast; und herrsche über deine Zunge und deinen Bauch.»

«Wie konntet ihr das Werk Gottes in Ruhe tun?»

«Wir konnten es, weil wir das Werk Gottes als die Hauptaufgabe sahen, die Sorge für das Leibliche für das weniger Wichtige. Ihr aber haltet die Sorge für den Leib für die Hauptaufgabe, das Werk Gottes aber nicht für das Notwendigere. Darum werdet ihr müde. Und deswegen sprach der Herr zu den Jüngern: Ihr Kleingläubigen, sucht zuerst nach dem Reich Gottes, dann wird euch alles andere dazu gegeben.»

Geschichten

Einst besuchten zwei Brüder einen Weisen. Dieser hatte die Gewohnheit abgelegt, an jedem Tag zu essen. Als er aber die beiden Brüder sah, begrüsste er sie freudig und sagte: «Das Fasten hat seinen Lohn in sich selbst, wer aber aus Liebe isst, der erfüllt zwei Gebote: Er gibt seinen Willen auf, und er erfüllt das Gebot, andere zu ernähren.»

Ein Altvater verliess einmal für kurze Zeit seine Zelle. Während seiner Abwesenheit riss sein Schüler mithilfe anderer Brüder den Gartenzaun nieder und vergrösserte den Garten. Als der Alte dies nach seiner Rückkehr bemerkte, nahm er seine Matte, um fortzugehen. Diese aber warfen sich ihm zu Füssen und baten ihn, zu sagen, warum er dies tue. Da sagte der Alte: «Ich werde diese Zelle nicht mehr betreten, bis der Zaun wieder an seiner alten Stelle ist.» Als dies schnell geschehen war, kam er zurück.

Das geistliche Training (Askese)

Als einer der städtischen Richter sich entschloss, einen Altvater in Unterägypten zu besuchen, eilten die Priester voraus und sagten: «Vater, bereite dich vor! Denn ein städtischer Richter, der von deinen frommen Werken gehört hat, kommt zu dir und möchte von dir erbaut werden.» Der Alte aber antwortete: «Ich will mich danach richten und mich vorbereiten.» Bekleidet mit seinem Sackgewand nahm er Brot und Käse in die Hände, setzte sich breitbeinig vor seine Tür und begann zu essen. Als aber der Richter mit seinem Gefolge kam und ihn sah, sprach er: «Ist dies der Anachoret, von dessen Askese wir so viel gehört haben?», und er verachtete ihn und ging davon.

Abba Johannes sagte einmal zu seinem Bruder: «Ich will ohne Pflichten sein, so wie die Engel sorglos sind, und nicht arbeiten, sondern Gott ohne Unterlass dienen.» Er zog sein Kleid aus und ging in die Wüste. Nach einer Woche kehrte er zu seinem Bruder zurück. Als er an die Tür klopfte, erkannte ihn sein Bruder, öffnete ihm aber nicht. Er fragte: «Wer bist du?» Er antwortete: «Ich bin Johannes, dein Bruder!» Der Bruder antwortete: «Johannes ist ein Engel geworden und gehört nicht mehr zu den Menschen.» Da flehte er ihn an und sagte: «Ich bin es doch!» Der andere aber öffnete ihm nicht, sondern liess ihn bis zum Morgen in dieser unbequemen Lage. Erst dann öffnete er ihm und sagte: «Bist du ein Mensch, so musst du arbeiten, damit du deine Nahrung findest.» Da bereute Johannes und sagte: «Vergib mir!»

Ein Bruder war einer Versuchung erlegen und hatte in seiner Not das Leben als Mönch aufgegeben. Als er wieder versuchte, sein Leben als Mönch wieder aufzunehmen, überkam ihn die Traurigkeit wegen seines Versagens und er sagte sich: «Wann werde ich je wieder so, wie ich einmal war?» Seine geistliche Kraft liess immer mehr nach, und er brachte es nicht mehr fertig, wie ein Mönch zu leben. Da suchte er einen Altvater auf und erzählte ihm, wie es ihm ergangen war. Der Alte aber, nachdem er sich angehört hatte, was ihn bedrückte, erzählte ihm folgendes Gleichnis: «Ein Mann besass einen Acker, der aber wegen seiner Nachlässigkeit verwilderte und schliesslich voll von Unkraut und Dornen war. Als er das sah, wurde er sehr zornig und sagte zu seinem Sohn: «Geh und säubere das Feld!» Der Sohn ging, um es in Ordnung zu bringen. Als er aber genauer hinschaute und sah, wie viel Unkraut und Dornen dort wuchsen, verliess ihn der Mut. Er sagte zu sich: «Wie soll ich das alles jemals jäten und säubern?» Da warf er sich auf die Erde und fing an zu schlafen. Dies tat er viele Tage lang. Dann kam sein Vater, um zu sehen, was er bisher gemacht hatte, und fand nichts getan. Und er fragte ihn: «Warum hast du bis jetzt nichts gemacht?» Der junge Mann erwiderte seinem Vater: «Als ich zum Jäten gekommen war, und das Unkraut und die Dornen sah, verzweifelte ich, die Arbeit je bewältigen zu können. Ich warf mich entmutigt auf den Boden und schlief ein. Da sagte sein Vater zu ihm: «Mein Sohn, mache jeden Tag nur ein so grosses Stück vom Unkraut frei, wie dein Körper auf dem Boden liegend Platz einnimmt. Auf diese Weise wird deine Arbeit im Kleinen stetig wachsen, und du wirst ihrer nicht überdrüssig. Als der junge Mann das hörte, handelte er danach, und nach kurzer Zeit war das Grundstück gesäubert und zum Bestellen bereit. So auch du, Bruder: Bemühe dich in kleinen Schritten und lasse nicht nach, so wirst du den Mut nicht verlieren, und Gott wird dich durch seine Gnade wieder in deine frühere Lebensweise bringen.» Als der Bruder das gehört hatte, ging er, liess sich nieder und tat mit aller Geduld, was der Alte ihn gelehrt hatte. Und so fand er Ruhe.

Einmal verliessen einige Brüder ihr Kloster, um die Altväter in der Wüste zu besuchen. Als sie nun zu einem alten Eremiten kamen, empfing er sie mit grosser Freude und stellte

Das geistliche Training (Askese)

ihnen, wie es seine Gewohnheit war, einen Tisch zum Essen hin. Und als er sah, dass sie von der Reise müde waren, gab er ihnen noch vor der üblichen Essenszeit etwas. Er brachte herbei, was er in seiner Zelle hatte, setzte es ihnen vor und stärkte sie. Als es Abend geworden war, verrichteten sie wie gewöhnlich das Gebet und sangen Psalmen und taten dasselbe auch in der Nacht. Der Altvater begab sich abseits zur Ruhe. Da hörte er, wie sie miteinander redeten und sagten: «Diese Eremiten essen häufiger und besser als jene, welche in den Klöstern wohnen.» Dies hörte der Altvater; aber er schwieg. Als es Tag geworden war, setzten sie ihre Reise fort, um einen anderen Eremiten zu besuchen, der in der Nachbarschaft wohnte. Als sie aufbrachen, sagte der Altvater ihnen: «Grüsst ihn von mir und sagt ihm: Gib acht und giesse das Gemüse nicht!» Als sie nun zum anderen Altvater kamen, richteten sie ihm aus, was ihnen aufgetragen worden war. Er verstand sogleich, worum es ging, behielt die Brüder bei sich, gab ihnen Körbe zu flechten, setzte sich selber zu ihnen und hörte nicht auf, mit den Händen zu arbeiten. Er fügte dem Abendgebet über die Gewohnheit hinaus einige Psalmen hinzu, und nach dem Nachtgebet sagte er zu ihnen: «Wir sind nicht gewohnt, heute zu essen, aber wegen eures Besuches müssen wir doch Mahlzeit halten.» Er stellte trockenes Brot und Salz vor sie hin und sagte: «Um euretwillen müssen wir etwas üppiger essen.» Daher brachte er auch ein wenig Essig und Öl. Als sie vom Tisch aufgestanden waren, begann er wiederum Psalmen zu singen, bis der neue Tag nahe war. Dann sagte er zu ihnen: «Um euretwillen können wir diesmal nicht den ganzen Psalter singen. Darum ruht euch ein wenig aus, denn ihr seid müde von der Reise.» Als die erste Stunde des Tages gekommen war, wollten sie ihn verlassen, aber der Altvater liess es nicht zu, sondern sagte: «Bleibt doch noch ein paar Tage bei mir! Ich lasse euch heute noch nicht gehen, sondern will euch aus Liebe noch drei Tage beherbergen.» Als sie dies hörten, standen sie auf; und noch ehe es richtig hell wurde, machten sie sich heimlich auf und davon.

In einem Wüstenkloster bei Alexandrien lebte ein Altvater, der bereits achtzig Jahre das Mönchskleid trug und so barmherzig war, wie wir nie jemals wieder einen gesehen haben. Seine Barmherzigkeit galt nicht nur den Menschen, sondern auch der unvernünftigen Kreatur. Was aber tat dieser Altvater? Sein ganzes Geschäft bestand darin, dass er jeden Tag frühmorgens herumging und alle Hunde fütterte. Er fütterte die kleinen Amseln, streute Körner für die grösseren Vögel aus, weichte Brot ein und warf es auf die Dächer, damit sie es dort fressen konnten. Dies war seine tägliche Beschäftigung. Er selbst aber hinterliess bei seinem Tod nichts, seine Wohnung hatte weder Türen noch Fenster, man fand dort weder eine Lampe noch einen Tisch. Kurz gesagt, er besass nichts auf Erden. Wenn er ein Buch, Geld oder Kleidung erhielt, behielt er es gewiss nicht länger als eine Stunde, dann gab er es den Armen weiter. Seine einzige Sorge galt den künftigen Gütern.

8
Über den Gehorsam

Ich bin dein Diener,
gib mir Einsicht,
damit ich deine Vorschriften verstehe.
Psalm 119,125

Sprüche

Der Gehorsam ist für den Mönch eine Zierde. Wer ihn gewonnen hat, wird von Gott erhört werden, und mit Zuversicht wird er beim Gekreuzigten stehen, denn der gekreuzigte Herr war gehorsam bis zum Tod.

Ein Altvater sagte von denen, die gut anfangen und sich den heiligen Vätern unterordnen: «Die erste Färbung verliert sich nicht mehr, wie beim Purpur.» Und weiter: «Wie die zarten Zweige sich biegen lassen, so auch die Novizen, die im Gehorsam stehen.»

Ein Mensch, der in Umkehr und Umdenken steht, ist an kein Gebot gebunden.

Gehorsam steht für Gehorsam. Wenn einer Gott gehorcht, gehorcht Gott auch ihm.

Ich kenne Mönche, die nach vielen Mühen gefallen sind und in Verwirrung des Geistes gerieten, weil sie sich auf ihr Werk verliessen und nicht auf die Weisung dessen hörten, der gesagt hat: Frage deinen Vater, er wird es dir verkünden.

Nichts verlangt Gott von den Anfängern im geistlichen Leben mehr als die Anstrengung des Gehorsams.

Wenn einer schnell zur Vollkommenheit gelangen will, dann darf er nicht sein eigener Lehrmeister sein wollen. Er darf nicht nach seinem eigenen Willen leben, auch dann nicht, wenn das, was er will, recht und gut ist, sondern nach dem Wort des Erlösers soll jeder sich vor allem selbst verleugnen und dem eigenen Willen entsagen. Denn so spricht der Heiland: Ich bin nicht gekommen, meinen Willen zu tun, sondern den Willen dessen, der mich gesandt hat.

Geschichten

Ein Altvater hatte einen Schüler, der hiess Markos. Der war sehr gehorsam und ein Schönschreiber. Er hatte noch elf andere Schüler; die es ihm Übel nahmen, dass er Markos mehr liebte als die übrigen. Als die anderen Altväter davon hörten, wurden sie traurig. Sie kamen eines Tages zu dem Alten und beschuldigten ihn. Da ging er mit ihnen hinaus und klopfte an die Zelle eines seiner Schüler: «Du, Bruder, komm heraus, ich brauche dich!» Und so klopfte er an einer Zelle nach der anderen. Schliesslich kam er zur Zelle des Markos und sagte: «Markos!» Kaum hatte dieser die Stimme des Greises gehört, da sprang er auf der Stelle heraus, und der Altvater schickte ihn mit einem Auftrag fort. Dann sagte er zu den Alten, die zu ihm gekommen waren: «Wo sind die anderen jungen Brüder geblieben, ihr Väter?» Danach ging er in die Zelle hinein und sah die Handschriften des Markos durch. Und er sah, dass dieser gerade dabei gewesen war, ein O zu schreiben. Als er aber den Altvater hatte rufen hören, da drehte er das Schreibrohr nicht mehr, um das O zu vollenden. Als die anderen Alten das sahen, meinten sie zu ihm: «Du liebst ihn mit Recht, und wir lieben ihn auch, und Gott liebt ihn auch!»

Ein Altvater schickte seinen Schüler zum Wasserholen. Der Brunnen war aber weit von der Zelle entfernt, und der Bruder hatte vergessen, das Seil mitzunehmen. Als er nun an die Zisterne kam und das Seil vermisste, betete er und sprach: «Brunnen, o Brunnen! Mein Abba hat mir befohlen, diesen Krug mit Wasser zu füllen!» Und sogleich stieg das Wasser bis an den Rand der Zisterne, und der Bruder füllte den Krug. Dann sank das Wasser wieder auf seinen gewohnten Stand.

Ein Bruder zog sich in die Sketis zurück, um ein Einsiedlerleben in der Wüste zu beginnen. Er kam zu einem Greis, der ihn als Schüler nahm. Als erste Übung suchte der Altvater ein dürres Stück Holz, pflanzte es ein und sagte: «Begiesse es täglich mit einem Eimer Wasser, bis es Früchte trägt.» Das Wasser aber war so weit entfernt, dass er jeden Tag spät abends aufbrach und früh morgens zurückkam. Nach drei Jahren kam Leben in das Holz und es trug Frucht. Der Alte nahm die Frucht, brachte sie in die Versammlung und sagte zu den Brüdern: «Nehmt und esst die Frucht des Gehorsams.»

Einer der Väter erzählte von Abba Paulos, dass er aus dem ägyptischen Unterland stammte und in der Thebais wohnte. Er ergriff Hornvipern und Schlangen mit blossen Händen und brach sie mitten auseinander. Die Brüder warfen sich vor ihm nieder und sagten: «Sage uns, was du getan hast, um diese Gnade zu erlangen!» Er antwortete: «Verzeiht mir, Väter: Wenn einer die Reinheit des Herzens erlangt hat, dann ordnet sich ihm alles unter wie dem Adam im Paradies, bevor er das Gebot übertreten hat.»

Über den Gehorsam

Ein Bruder wurde angefochten und teilte es dem Altvater Herakleios mit. Dieser wollte ihn stärken und sagte zu ihm: «Ein Greis hatte einen Schüler, der viele Jahre lang sehr gehorsam war. Eines Tages geriet er in Versuchung, und er warf sich dem Alten zu Füssen und sagte: ‹Mache mich zum Mönch!› Der Alte sprach zu ihm: ‹Suche dir einen Platz, und wir werden dir eine Zelle bauen.› Er ging eine Meile weit und fand einen Platz. Sie gingen hin und bauten eine Zelle. Nur sprach er zu dem Bruder: ‹Wenn ich dir etwas sage, so tue es! Wenn du hungerst, iss, trink und schlafe! Nur geh bis zum Sabbat nicht aus der Zelle! Dann komme zu mir.› Zwei Tage tat der Bruder, was der Alte ihm befohlen hatte. Am dritten Tag hatte er es satt. Er sagte: ‹Warum hat mir der Alte das befohlen?› Er stand auf, sang alle Psalmen, und ass erst nach Sonnenuntergang. Dann stand er auf und ging, um sich auf sein Lager zu legen und zu schlafen. Da sah er einen düsteren Mann da liegen, der fletschte seine weissen Zähne gegen ihn. In grosser Angst lief er zu dem Alten, klopfte an die Tür und rief: ‹Vater, erbarme dich meiner und öffne!› Der Greis erkannte, dass er nicht nach seinem Worte gehandelt hatte, und öffnete ihm bis zum Morgen nicht. Als er am Morgen öffnete, fand er ihn draussen, wie er nach ihm rief. Da hatte er Mitleid mit ihm und liess ihn hinein. Der Schüler sagte: ‹Ich bitte dich, Vater: ich sah einen düsteren Mann auf meinem Bett liegen, als ich schlafen gehen wollte.› Der Altvater antwortete: ‹Das ist geschehen, weil du nicht auf meine Worte hören wolltest.› Dann erklärte er ihm das mönchische Leben und entliess ihn. Und der Schüler wurde ein guter Mönch.»

Ein Bruder aus der Sketis, der zur Ernte ging, kam zu einem berühmten Altvater und sagte ihm: «Sag mir, Vater, was soll ich tun, wenn ich zur Ernte gehe?» Dieser fragte: «Wirst du auch tun, was ich dir sage?» Als der Bruder es ihm versprach, fuhr der Altvater fort: «Wenn du mir gehorchen willst, so geh hin, kündige deine Erntearbeit und komm wieder zu mir, und ich will dir sagen, was du tun sollst.» Der Bruder tat es und kam wieder zu dem Altvater, der ihm nun sagte: «Geh in deine Zelle und iss fünfzig Tage lang ohne Unterbrechung nur Brot mit etwas Salz, und das nur einmal am Tag. Dann will ich dir das Weitere sagen.» Der Altvater, der wusste, dass dieser ein eifriger Mönch war, lehrte ihn, wie er sich in der Zelle zu verhalten hatte, und der Bruder kehrte dorthin zurück, warf sich drei Tage und drei Nächte lang auf sein Angesicht und weinte vor Gott. Da sprachen seine Gedanken zu ihm: Nun bist du erhöht und gross geworden! Da gedachte er aller seiner Sünden und sagte zu sich: Und wo sind alle meine früheren Sünden? Wenn ihm einfiel, wie viele Gebote Gottes er übertreten hatte, dann sprach er: Ich will in Zukunft meine geringen Dienste Gott weihen und hoffe, dass er sich meiner erbarmen wird. Auf diese Weise besiegte er seine bösen Gedanken, die ihm dann sogar sichtbar erschienen und riefen: Du hast uns in Verwirrung gebracht. Er fragte sie: Wodurch? Und sie antworteten: Weil du dich klein machtest, als wir dich erhöht haben, und weil du dich erhöht hast, als wir dich erniedrigen wollten.

In der Sketis wurde einmal die Verordnung erlassen: «Fastet diese Woche!» Nun geschah es, dass Brüder aus Ägypten zum Altvater Moses kamen, und er liess ihnen ein wenig Brei zubereiten. Die Nachbarn sahen den Rauch und sagten zu den Priestern: «Seht, Moses hat die Verordnung übertreten und hat sich einen Brei gekocht.» Die Priester antworteten: «Wenn er kommt, wollen wir mit ihm reden.» Als der Sabbat kam, sahen die Priester die vorbildliche Haltung des Moses und sprachen vor dem Volk zu ihm: «Altvater Moses, du hast die Vorschrift der Menschen nicht gehalten, aber die Vorschrift Gottes!»

Über den Gehorsam

Einmal besuchten vier Brüder den Abba Pambo. Einer der vier Besucher galt überall als ehrwürdig, weil er sich viele strenge Bussübungen auferlegte. Der zweite zeichnete sich dadurch aus, dass er alle an gelebter Armut übertraf. Der dritte wiederum glänzte durch die Werke der Nächstenliebe. Vom Vierten wusste man nichts weiter, als dass er seit zweiundzwanzig Jahren einem Altvater gehorsam diente. Pambo aber behandelte gerade diesen Vierten mit besonderer Ehrfurcht. Später nach dem Grund befragt, antwortete er: «Es sei mir fern, die Bussübungen des einen, die heilige Armut des anderen und die Liebeswerke des dritten nicht zu ehren. Denn diese drei sind neben den Tugenden, die sie geübt haben, auch ihrem eigenen Willen gefolgt. Ein Bruder aber, der seit zweiundzwanzig Jahren im Gehorsam dient, hat ebenso lange sein Ohr, sein Auge und sein Herz nur auf den Willen Gottes gerichtet und seinen eigenen Willen verleugnet. Darum habe ich ihn besonders geehrt. Diejenigen, die diesem Beispiel folgen und bis zum Ende treu in ihrem Dienst ausharren, können wahre Märtyrer genannt werden.»

In einer grossen Stadt, nicht weit von der Wüste, lebte ein sehr reicher Mann, der nur an seine Geldgeschäfte dachte. Er lief den ganzen Tag und oft auch in der Nacht hinter seinen Geschäften her, so dass man mit Recht sagen konnte, nicht er hatte die Geschäfte, sondern die Geschäfte hatten ihn als ihren Sklaven, dem sie nicht einmal des Nachts Ruhe liessen. Dieser Mann hatte einen Sohn. Als er eines Tages in sein Haus zurückkehrte, fragte er: «Wo ist mein Sohn?» Einer der Hausangestellten antwortete ihm: «Er will Mönch werden und ist in die Wüste gegangen, um dem Altvater Markos zu dienen. Deshalb hat er dein Haus verlassen.» Ein halbes Jahr verging. Dann tat es dem reichen Mann doch leid um seinen Sohn. Er ging in die Wüste und wollte ihn zurückholen. Zuerst traf er den Altvater Markos, den man ihm beschrieben hatte, und er fragte ihn:

«War nicht bei dir der junge Alexander, der seinem Vater aus Ungehorsam entflohen ist? Oder hast du ihn etwa wegen eben dieser Leidenschaft schon wieder fortgejagt?»

«Ob er seinem Vater aus Ungehorsam entflohen ist, weiss ich nicht», erwiderte der Altvater. «Aber das weiss ich: alle Brüder, die ich jemals gekannt habe, übertrifft er an Gehorsam.»

Inzwischen kam der Sohn hinzu. Der Vater sagte ihm: «Komm mit mir, du kannst meine Geschäfte übernehmen.»

Aber der Sohn antwortete: «Dazu tauge ich nicht. Den Gehorsam, den deine Geschäfte von mir abverlangen würden, geht über meine Kraft. Hier diene ich Gott und gehorche dem Altvater und habe Frieden.» Über diese Worte erschrak der Vater so sehr, dass er unter Tränen sagte: «Weh mir, betet für mich, dass ich Frieden finde!»

9

Von der Begleitung

Rette uns, Herr, unser Gott,
und sammle uns aus den Völkern,
damit wir deinen heiligen Namen preisen
und uns rühmen, dass wir dich loben dürfen.
Psalm 106,47

Sprüche

Wenn jemand sündigt, es aber leugnet und behauptet: Ich habe nicht gesündigt, so verurteile ihn nicht. Sonst nimmst du ihm den Mut. Wenn du aber sagst: Sei nicht mutlos, Bruder, aber hüte dich in Zukunft, dann erweckst du seine Seele zur Reue.

Da ihr also Väter seid, ahmt den Abba Christus nach und nährt uns mit Gerstenbrot durch die Unterweisung.

Der selige Abba Antonius pflegte zu sagen: Die Altväter der Vorzeit gingen in die Wüste und heilten nicht nur sich selbst, sondern wurden auch Ärzte für andere. Wenn aber einer von uns in die Wüste geht, dann will er andere früher heilen als sich selbst. Und unsere Schwäche kehrt zurück und unsere letzten Dinge werden ärger als die ersten, und daher heisst es: Arzt, heile dich vorher selber.

Von der Begleitung

Lehre dein Herz, das zu halten, was deine Zunge andere lehrt!

Ich will lieber belehrt werden als belehren.

Wahrhaft weise ist der Mensch, der andere durch Taten, nicht durch Worte belehrt.

Lehre nicht vor der Zeit, sonst wirst Du dein ganzes Leben lang nicht verständig!

Wenn ein Kasten voll mit Kleidern ist und sich lange Zeit niemand darum kümmert, dann beginnen die Kleider darin zu verrotten. So ist es auch mit den Gedanken in unserem Herzen. Wenn wir sie nicht in die Tat umsetzen, verfaulen sie mit der Zeit.

Der Lehrer muss Abstand halten von aller Herrschsucht, fern von eigenem Ruhm, weit weg von Stolz, darf sich durch Schmeichelei zum Gespött machen lassen. Er lasse sich nicht von Geschenken blenden, nicht von Gier überwältigen, nicht vom Zorn mitreissen. Sondern er sei grossherzig, anständig, über alles demütig, verständig und geduldig, mitfühlend und seelenliebend.

Dialoge

Ein Bruder fragte einen Altvater:
«Bei mir wohnen Brüder. Willst du, dass ich ihnen Befehle erteile?»
Der Greis antwortete: «Nein, sondern erfülle erst einmal deine Aufgabe! Wenn sie leben wollen, werden sie auf dich schauen.»

Da sprach der Bruder zu ihm: «Sie wollen es aber selbst, dass ich ihnen befehle.»

Der Alte erwiderte ihm: «Nein, werde ihnen ein Vorbild und nicht Gesetzgeber!»

«Vater, ich habe viele schlechte Gedanken und komme durch sie in Gefahr.»

Der Altvater führte ihn ins Freie und sagte zu ihm: «Breite deinen Mantel aus und halte den Wind auf!»

Er antwortete: «Das kann ich nicht!»

Der Alte erwiderte ihm: «Wenn du das nicht kannst, dann kannst du auch nicht deine Gedanken hindern, zu dir zu kommen. Aber es ist deine Aufgabe, ihnen zu widerstehen!»

Nicht zornig zu werden ist eine gute Sache. Sollte dich der Zorn aber einmal überfallen, dann darf dein Tag, der davon überschattet wurde, nicht in diesem Schatten enden. Denn es heisst: «Lass die Sonne nicht untergehen …» Sonst könnte es sein, dass sich der Schatten über dein Leben ausbreitet. Warum einem Menschen zürnen, wenn er dir weh getan hat? Nicht dieser Mensch ist schuldig, sondern der Teufel. Verabscheue die Krankheit, aber nicht den Kranken.

«Sage mir, mein Sohn, was du an mir siehst, und ich sage dir, was ich an dir sehe!»

«Abba, du bist edel im Geist, aber grob im Umgang.»

«Du bist gut, mein Sohn, aber deine Seele ist weich.»

Geschichten

Ein Anachoret kam zu einem Altvater. Der Alte nahm ihn freudig auf, und nachdem sie sich umarmt hatten, begann der Anachoret viel von der Heiligen Schrift und von himmlischen Dingen zu reden. Da wandte der Greis sich einem anderen Bruder zu und gab dem Anachoreten keine Antwort mehr. Als dieser nun sah, dass der Altvater nicht mit ihm sprach, ging er traurig hinaus und sagte zu dessen Schüler: «Ich habe die ganze Mühe der Reise umsonst auf mich genommen. Er richtet nicht einmal das Wort an mich.» Da ging der Schüler zu seinem Altvater hinein und sprach: «Um deinetwillen ist dieser Anachoret hierhergekommen, ein so grosser Mann, der in seiner Heimat so berühmt ist; und du willst nicht einmal mit ihm reden?» Der Greis antwortete: «Dieser Mann gehört zu den Oberen und redet himmlische Dinge. Ich aber gehöre zu den Unteren und kann kaum über irdische Dinge reden. Hätte er mir etwas von den Nöten eines gewöhnlichen Menschen gesagt, so hätte ich ihm vielleicht geantwortet. Wenn er aber von himmlischen Dingen spricht, so muss ich gestehen, dass ich davon nichts verstehe.» Da ging der Schüler wieder hinaus und sagte zu dem Anachoreten: «Unser Altvater will nicht über höhere Dinge reden; aber wenn einer mit ihm über Sorgen sprechen würde, so würde er ihm antworten.» Und dieser, von diesen Worten tief berührt, ging hinein und sagte zu dem Altvater: «Was soll ich machen, Vater? Die Leidenschaften meines Herzens beherrschen mich.» Da sah ihn der Altvater mit Freude an und sprach zu ihm: Das ist die richtige Frage für mich, Vater. Nun lass uns reden, lass uns Gottes Güte suchen.» Durch diese Worte wurde der Anachoret gestärkt und sagte: «Wahrhaftig, gut und recht ist der Weg, den du gehst.» Und er dankte dem Greis und kehrte in seine eigene Gegend zurück.

Ein Bruder wurde oft und heftig von sinnlichen Leidenschaften angefochten; und wenn er dagegen ankämpfte, konnte er sich oft nicht oder kaum gegen fleischliche Vorstellungen wehren. Er ging zu einem Altvater und zog ihn ins Vertrauen. Dieser aber, ein unerfahrener Mann, wurde sehr zornig, kritisierte den Bruder wegen seines erbärmli-

Von der Begleitung

chen Zustandes und erklärte ihn für unwürdig, Namen und Kleid eines Mönches zu tragen. Der Bruder war ganz verzweifelt und dachte: «Wenn es so schlecht um mich steht, dann gebe ich den Kampf auf und lebe wie die Kinder der Welt.» Gott aber fügte es, dass ihm auf dem Weg der Altvater Apollon begegnete. «Mein Sohn», fragte ihn dieser, «woher kommt deine grosse Fassungslosigkeit und Traurigkeit?» Widerstrebend erzählte er ihm alles und auch das Urteil jenes Altvaters. Apollon sprach: «Nimm's nicht so schwer, und gib die Hoffnung nicht auf. Siehe, ich bin schon so alt und werde ebenso wie du in meinem geistlichen Leben noch von Gedanken der Unzucht gequält. Du bist in einem Zustand, der überhaupt weniger durch menschliche Anstrengung, als vielmehr durch Gottes Erbarmen geheilt wird. Einmal wird Gott diese Qual von dir nehmen. Bete darum! Jetzt aber gewähre mir die Bitte: Stürze dich nicht in die Welt. Kehre vielmehr wieder um und gehe dorthin zurück, woher du gekommen bist.» Der Bruder wurde durch diese Worte getröstet und ging zurück. Apollon aber ging geradewegs auf die Zelle des zornigen Altvaters zu. Vor der Zelle blieb er stehen und betete laut: «Herr, der du uns zu unserem Nutzen Versuchungen über uns kommen lässt, wende den Krieg, den jener Bruder leidet, auf den Altvater hier hin, damit er in seinem Alter lernt, was er in so langer Zeit nicht gelernt hat, nämlich Mitleid mit Menschen zu haben, die von solchen Versuchungen geplagt werden.» Daraufhin wurde der Altvater von schweren Versuchungen heimgesucht und war ihnen so wenig gewachsen, dass er aus seiner Zelle stürzte mit der Absicht, sein Leben als Mönch aufzugeben und in die Welt zurückzukehren. Aber Apollon erwartete ihn schon auf seinem Weg, hielt ihn an und fragte ihn: «Wohin des Wegs, warum so aufgewühlt und verwirrt?» Widerstrebend bekannte ihm der Altvater, was ihn so treibe. Apollon sprach zu ihm: «Siehe, du hast nicht einen einzigen Tag leiden und durchkämpfen können,

Von der Begleitung

was jener Bruder, den du so verständnislos verurteilt hast, schon solange erduldet und ertragen hat. Jetzt kehre zurück in deine Zelle und gedenke künftig der Worte des Herrn: ‹Ein zerknicktes Rohr soll man nicht zerbrechen, und einen glimmenden Docht nicht auslöschen.›»

In der Sketis lebte ein Altvater, der zwar körperliche Beschwerden gut ertrug, sich aber das Gehörte nicht merken konnte. Eines Tages ging er zu einem anderen Altvater, um ihn wegen seiner Vergesslichkeit um Rat zu fragen. Als er dessen Belehrung vernommen hatte, kehrte er in seine Zelle zurück und vergass sofort, was der andere ihm gesagt hatte. Er ging noch einmal hin und fragte ihn. Dann ging er wieder nach Hause. Sobald er aber in seine Zelle kam, hatte er wieder vergessen, was er gehört hatte. So ging er viele Male hin und her, aber seine Vergesslichkeit wurde immer grösser. Da ging er wieder zu dem Alten und sprach: «Weisst du, Vater, dass ich wieder vergessen habe, was du mir gesagt hast? Aber jetzt komme ich nicht mehr zurück, damit ich dir nicht zur Last falle.»

Da sagte der andere zu ihm: «Geh, zünde einen Leuchter an!» Und er zündete ihn an. Dann sagte er zu ihm: «Bringe die anderen Leuchter herbei und zünde sie an diesem an.»

Er tat es. Daraufhin fragte der Greis seinen Besucher: «Hat der Leuchter Schaden genommen, weil du die anderen daran angezündet hast?»

Er sagte: «Nein.»

«So werde auch ich nicht beschädigt, und wenn die ganze Sketis zu mir käme, noch wird es mich von der Liebe zu Gott abhalten. So oft du willst, komm und zögere nicht!»

Und so nahm Gott durch die Geduld der beiden die Vergesslichkeit von dem Greis. Es war nämlich Brauch unter den Bewohnern der Sketis, dass sie jene ermutigten, die von irgendeiner Leidenschaft gequält wurden oder sich eine Mühe auferlegten. Und so taten sie sich gegenseitig Gutes.

10

In der Gemeinschaft

Sieh, wie gut und schön ist es,
wenn Brüder beieinander wohnen …
Wie der Tau des Hermon,
der herabfällt auf die Berge Zions.
Denn dort gewährt der Herr den Segen,
Leben bis in Ewigkeit.
Psalm 133,1+3

Sprüche

Es gibt keine grössere Liebe als die, dass einer sein Leben hingibt für seinen Nächsten. Denn wenn jemand ein böses Wort hört, das heisst ein schmerzliches, und er könnte es mit einem ähnlichen Wort erwidern, aber er kämpft darum, es nicht zu sagen – oder wenn er ausgenutzt wird und es erträgt und nicht zurückschlägt –, der gibt seine Seele für den Nächsten hin.

Ich habe mich nie zur Ruhe gelegt, solange ich gegen jemanden etwas hatte. Ich liess aber auch keinen zur Ruhe gehen, der etwas gegen mich hatte – soweit ich das konnte.

Miss dich nicht an dir selber, sondern schliesse dich einem anderen an!

Wenn jemand seinem Bruder Böses mit Bösem vergelten will, dann genügt ihm schon eine einzige Kopfbewegung, um ihn bis ins Innerste zu kränken.

Sprich nicht so in deinem Herzen gegen deinen Bruder: Ich bin wachsamer und asketischer als er! Sondern unterwerfe dich der Gnade Christi im Geist der Armut und unverfälschter Liebe, damit du nicht dem Geist der Ruhmsucht verfällst und so deine Mühe zunichtemachst. Denn es steht geschrieben: «Wer glaubt zu stehen, der sehe zu, dass er nicht falle!»

Ich habe nie ein Werk angestrebt, das mir nützt, aber meinem Bruder schadet; denn ich hoffe, dass ein Werk, das meinem Bruder nützt, auch mir nützt.

Wenn drei zusammen wohnen, von denen der eine die Ruhe des Herzens bewahrt, der andere krank ist, aber dafür dankt, und der dritte in reiner Haltung dient, so haben sie alle drei dasselbe Werk vollbracht.

Wenn du irgendwo sitzt, dann schau nicht auf die, die ihren Trost haben, sondern auf die, die in Not sind, die weder Brot noch Ruhe haben.

Willst du alles Leid aus deinem Haus verbannen, so beschimpfe nicht den Mitmenschen, der zum gleichen Menschengeschlecht gehört wie du selbst, denn der ihn erschaffen hat, würde mit Recht zürnen.

Du sollst deinen Nächsten nicht abschätzig behandeln, denn ob der Geist Gottes in dir ist, oder in ihm, das weisst du nicht.

Gott verkauft Gerechtigkeit billig an die, die danach fragen: für ein Stück Brot oder alte Kleider, für eine Tasse kaltes Wasser oder eine Münze.

Dialoge

«Sag mir ein Wort!»
«Geh und hab mit allen Erbarmen; denn Erbarmen schafft Hoffnung vor dem Angesicht Gottes.»

Ein Bruder besuchte einen Einsiedler; und als er ihn verliess, sagte er: «Verzeih mir, Vater, dass ich dich von deiner Planung abgehalten habe.»
Der Einsiedler antwortete ihm: «Mein Plan war, dich gastfreundlich aufzunehmen und dich in Frieden gehen zu lassen.»

Ein Bruder wurde öfters von Selbstmitleid übermannt und wusste dafür keine Ursache. Als er sich bei einem Ältesten darüber beklagte, antwortete dieser: «Überlege dir genau, ob du nicht etwa schlecht von diesem oder jenem Bruder denkst. Manchmal ist dies die Ursache, warum das Herz in Selbstmitleid versinkt.»

Einige kamen zum Altvater und fragten ihn: «Wenn wir Brüder beim Gottesdienst einnicken sehen, willst du, dass wir ihnen einen Stoss geben, damit sie in der Gebetsnacht wachen?»
Er antwortete: «Wahrlich, wenn ich einen Bruder einnicken sehe, dann lege ich seinen Kopf auf meine Knie und lasse ihn schlafen.»

«Man kann ein Haus nicht von oben nach unten bauen, man muss es von unten nach oben bauen.»
«Was ist der Sinn dieses Wortes?»
«Der Grundstein ist dein Nächster, ihn musst du gewinnen. Das muss am Anfang stehen, davon hängen alle anderen Anweisungen des Herrn ab.»

«Was soll ich mit meiner Seele machen, wenn sie abgestumpft ist und Gott nicht mehr fürchtet?»
«Geh und halte dich an einen Menschen, der Gott fürchtet! Wenn du ihm anhängst, wirst auch du lernen, Gott zu fürchten.»

«Wenn ich die Schuld meines Bruders sehe, ist es recht, sie zu verheimlichen?»
«In der Stunde, in der wir die Sünde unseres Bruders bedecken, deckt Gott auch unsere Sünde zu. Und in der Stunde, in der wir die Sünden unserer Brüder aufdecken, deckt Gott auch die unsrigen auf.»

Ein Bruder, den einen anderen gekränkt hatte, kam zu Abba Sisoes und sagte: «Mein Bruder hat mich schwer beleidigt, und ich will mich rächen.» Der Weise versuchte ihn zu beschwichtigen und sagte: «Tu das nicht, Bruder, überlass Gott die Rache.» Aber der Bruder erwiderte: «Ich werde nicht ruhen, bis ich mich gerächt habe.» Da erhob sich Sisoes und sagte: «Lass uns beten: ‹O Gott, wir brauchen dich nicht mehr, dass du uns beschützt, wir rächen uns jetzt selbst.›» Als der Bruder das hörte, fiel er dem Weisen zu Füssen und sagte: «Ich will nicht mehr mit meinem Bruder streiten. Vergib mir, Abba.»

«Was meinen die Worte: ‹man wird über einen Bruder zornig?›»
«Wenn du in Zorn gerätst, weil dein Bruder dich mit Worten beleidigt, auch wenn sie dir noch so weh tun, du hast keinen Grund für deinen Zorn. Selbst wenn er dir das rechte Auge ausreisst und dir die rechte Hand abschlägt, hast du keinen Grund dazu. Aber sollte er versuchen, dich von Gott zu entfremden, dann werde zornig.»

«Wie kommt es, dass sich heute nicht wenige im Leben Mühe geben und doch nicht so viel Gnade empfangen wie die Mönche früherer Zeiten?»

«Damals herrschte die Liebe, und ein jeder zog seinen Nächsten nach oben. Jetzt aber ist die Liebe erkaltet, und jeder zieht seinen Nächsten nach unten. Daher verdienen wir es nicht mehr, die gleiche Gnade zu empfangen.»

Geschichten

Abba Poimen fragte Abba Joseph: «Was soll ich tun, wenn die Leidenschaften an mich herankommen? Soll ich sie verdrängen oder sie eintreten lassen?»

Der Greis antwortete: «Lass sie eintreten und kämpfe mit ihnen!»

Als später ein Bruder Abba Joseph dasselbe fragte, antwortete er jedoch: «Lass sie auf keinen Fall herein!»

Als Abba Poimen davon hörte, ging er zum Greis und sagte: «Vater, ich habe dir meine Gedanken anvertraut und schau, du hast so zu mir gesprochen, aber anders mit dem Bruder.»

Der Greis antwortete: «Weisst du nicht, dass ich dich liebe?»

Er sagte: «Doch, doch!»

Der Alte: «Hast du nicht zu mir gesagt: ‹Rede mit mir wie mit dir selbst›?»

«So ist es!»

Da sprach der Greis: «Wenn die Leidenschaften eintreten, und du ihnen gibst und von ihnen nimmst, so werden sie dich bewährter machen. Ich aber habe zu dir gesprochen, wie zu mir selbst. Es gibt aber andere, für die ist es besser, wenn die Leidenschaften nicht an sie herankommen. Sie müssen sie auf der Stelle zurückweisen.»

In der Gemeinschaft

Ein junger Mann kam zu den Vätern, um von Besessenheit geheilt zu werden. Die Brüder brachten ihn zur Bleibe eines Altvaters. Als der Greis herauskam, sah er, wie einer der Brüder mit dem jungen Mann sündigte. Er verurteilte sie aber nicht, sondern sagte: «Wenn Gott, der sie geschaffen hat, sie nicht bestraft, wer bin ich, sie zu tadeln?»

Als einmal ein Altvater mit anderen Brüdern aus der Sketis heraufkam, verfehlte der Führer den Weg; denn es war Nacht. Die Brüder sagten zum Altvater: «Was sollen wir machen, Vater? Dieser Bruder hat sich verlaufen. Am Ende werden wir uns ganz verirren und umkommen.»

Da sagte der Greis zu ihnen: «Wenn wir ihm das vorhalten, schmerzt es ihn. Aber ich will so tun, als fehle mir etwas, und sagen, ich könne nicht mehr gehen, und müsse bis zum Morgen hier sitzen bleiben.» So machte er es. Und die anderen sagten: «Dann wollen wir ebenfalls nicht weitergehen, sondern bleiben bei dir.»

Und so sassen sie bis zum Morgen, um jenem Bruder keinen Schmerz zuzufügen.

Ein Bruder hatte sich in der Gemeinschaft, in der er lebte, etwas zuschulden kommen lassen. Als er nun von seinen Brüdern dafür kritisiert wurde, ging er fort. Die Brüder aber folgten ihm nach, um ihn zurückzuholen, und fingen wieder an, ihm seine Vergehen vorzuhalten. Er aber bestritt seine Schuld nicht. Da gesellte sich ein Altvater zu ihnen, und erzählte ihnen folgendes Gleichnis: «Ich sah am Flussufer einen Mann bis zu den Knien im Schlamm stecken. Und als einige kamen, um ihn mit ausgestreckten Händen herauszuziehen, sanken sie selbst bis zum Hals ein.» Betroffen von seinen Worten taten die Brüder Busse und riefen den, der weggegangen war, in ihre Gemeinschaft zurück.

In der Gemeinschaft

Als einmal ein Bruder einem Altvater Rosinen gebracht hatte, gab dieser – nach dem Gebot der Liebe nicht auf das eigene, sondern auf das Wohl der anderen bedacht – die Rosinen an einen anderen Bruder weiter, der krank und schwach war. Der Kranke dankte Gott für den Dienst, den sein Bruder ihm erwiesen hatte und nahm die Rosinen entgegen. Da er aber auch mehr an den Nächsten als an sich selbst dachte, gab er sie einem anderen kranken Bruder weiter. Der wiederum dankte und gab sie ebenfalls weiter. Und nachdem die Rosinen so durch alle Zellen gegangen waren, die weit voneinander in der Wüste verstreut waren, wurden sie zuletzt, ohne dass die Brüder wussten, wer sie zuerst gegeben hatte, eben demjenigen gegeben, von dem sie stammten.

Ein Bruder war unruhig und oft zornig in der Gemeinschaft, in der er lebte. Da sagte er zu sich selbst: «Ich will fortgehen und irgendwo allein leben. Wenn ich dann niemanden habe, mit dem ich reden und auf den ich hören kann, werde ich still werden und meine Gereiztheit und mein Zorn werden mich in Ruhe lassen.» Er zog fort und lebte allein in einer Höhle. Eines Tages füllte er sein Wassergefäss und stellte es auf die Erde. Da er aber daran stiess, fiel es um, und der ganze Inhalt floss heraus. Er füllte es wieder, und es fiel wieder um. Und er füllte es ein drittes Mal und stellte es hin. Es kippte aber erneut um, und das Wasser floss heraus. Da wurde er zornig, nahm das Gefäss und zerschlug es. Als er wieder zu sich kam, merkte er, dass ihn derselbe Dämon des Zorns wie früher überwältigt hatte. Da sagte er sich: «Jetzt lebe ich allein, und er hat mich doch wieder besiegt. Da will ich lieber in die Gemeinschaft zurückkehren, denn dort herrschen Arbeit und Geduld und vor allem Gottes Hilfe.» Und er stand auf und kehrte an seinen früheren Wohnort zurück.

Ein Mönch aus der Sketis kam in die Wüste von Kellia, um die heiligen Väter zu besuchen. Da er zunächst keine Zelle fand, wo er bleiben konnte, stellte ihm einer der Altväter eine leere Zelle zur Verfügung und sagte: «Ruhe dich inzwischen in dieser Zelle aus, bis du einen Platz findest, wo du bleiben kannst.» Nun kamen viele der Brüder, um den Gast zu besuchen, weil sie von ihm ein wegweisendes Wort hören wollten. Es hatte sich nämlich herumgesprochen, dass dieser die Geistesgabe besass, das Wort Gottes auszulegen. Als aber der Altvater, der ihm die Zelle zur Verfügung gestellt hatte, dies sah, begann der Neid sein Herz zu quälen, und voll Bitterkeit sagte er: «Ich wohne schon so lange hier, und doch kommen die Brüder selten zu mir, und wenn – dann auch nur an Festtagen. Zu diesem Betrüger jedoch strömt Tag für Tag eine solche Menschenmenge!»

Und er sprach zu seinem Schüler: «Geh und sag ihm, er solle meine Zelle verlassen; ich brauche sie selbst.»

Als aber sein Schüler zu jenem Bruder gekommen war, sagte er: «Mein Altvater hat mich beauftragt, eurer Heiligkeit folgende Botschaft zu überbringen: ‹Bitte ihn, mir zu sagen, wie es ihm geht!› Er hat nämlich gehört, dass du krank bist.»

Da gab ihm der Mönch folgende Antwort mit: «Bete für mich, ehrwürdiger Vater, denn ich leide sehr an Magenschmerzen!»

Der Schüler kehrte zu seinem Altvater zurück und sagte: «Er bittet deine Heiligkeit inständig, ihm noch etwa zwei Tage Aufschub zu gewähren, damit er sich eine andere Zelle suchen kann.»

Nachdem drei Tage verstrichen waren, schickte der Altvater seinen Schüler wieder hin und trug ihm auf: «Geh und sag ihm, er solle meine Zelle räumen! Wenn er es wieder hinausschieben will, dann mache ihm klar, dass ich sofort komme und ihn mit Stockschlägen aus meiner Zelle treiben werde.»

Der Schüler begab sich zu dem Bruder und sprach zu ihm: «Mein Altvater ist sehr besorgt wegen deiner Krankheit; deshalb hat er mich geschickt, um zu sehen, ob es dir besser geht.»

Der andere antwortete: «Ich danke dir von Herzen für deine Liebe, Vater, dass du dich so um mich sorgst. Dank deiner Gebete geht es mir schon besser.» Der Schüler kehrte zurück und berichtete seinem Altvater: «Auch diesmal bittet er deine Heiligkeit, noch bis zum Sonntag zu warten. Dann wird er ausziehen.» Als aber der Sonntag kam, und der Mönch nicht ausgezogen war, entbrannte der Altvater in Neid und Zorn, nahm einen Stock und machte sich auf den Weg, um den anderen mit Schlägen aus seiner Zelle zu treiben.

Sein Schüler lief ihm entgegen und sagte zu ihm: «Wenn du es befiehlst, Vater, so will ich voraus gehen und sehen, ob nicht ein paar Brüder bei ihm sind. Wenn sie dich so sehen, könnten sie Ärgernis nehmen.»

Der Schüler lief also voraus, trat bei dem Mönch ein und sagte: «Schau, mein Altvater kommt dich besuchen. Geh doch schnell hinaus und laufe ihm mit Dankesbezeugungen entgegen, dass er dich mit so viel Zuneigung und Wohlwollen besucht.»

Sofort erhob er sich und lief ihm mit grösster Eile entgegen. Als er ihn erblickte, warf er sich, noch ehe dieser sich ihm genähert hatte, zu Boden, bezeugte dem Altvater seinen Dank und seine Verehrung und sagte: «Gütigster Vater, der Herr vergelte dir mit ewigen Gütern für die Zelle, die du mir um seines Namens willen zur Verfügung gestellt hast, und der Herr Christus bereite dir im himmlischen Jerusalem unter seinen Heiligen eine herrliche und prächtige Wohnung!»

Als dies der Altvater hörte, traf es ihn mitten ins Herz. Er warf den Stock weg, lief dem Mönch entgegen, umarmte und küsste ihn und lud ihn in seine Zelle ein, damit sie gemeinsam mit Dank das Mahl einnehmen könnten. Dann aber rief der Greis seinen Schüler herbei und fragte ihn:

«Sage mir, mein Sohn, hast du diesem Bruder weitergesagt, was ich dir wegen der Zelle mitzuteilen auftrug?»

Da gestand ihm sein Schüler, was geschehen war, und sagte: «In aller Offenheit, Herr, ich muss zugeben, dass ich um der Demut willen, die ich dir als meinem Herrn und Vater schulde, dir nicht zu widersprechen wagte, als du mich zum Bruder schicktest. In Wirklichkeit aber habe ich ihm nichts von dem mitgeteilt, was du mir aufgetragen hast.»

Als das der Altvater hörte, warf er sich sofort zu Füssen seines Schülers und sagte: «Von heute an bist du der Vater und ich dein Schüler, denn dadurch, dass du meine harten Worte so schnell gemildert und in der Ehrfurcht und Liebe Gottes gehandelt hast, hat der Herr Christus sowohl meine Seele als auch die Seele jenes Bruders von schwerer Sünde freigehalten.» So wurden sie im Frieden Christi miteinander fröhlich.

In der Nähe einer Mönchssiedlung war ein Mord geschehen. Und da die Tat einem Unschuldigen zur Last gelegt wurde, machte sich dieser auf und floh zur Zelle eines Altvaters. Es kamen aber auch seine Verfolger, und fesselten ihn und sagten, sie würden keine Ruhe geben, bis sie den Mörder gefasst und den Gesetzeshütern übergeben hätten. Der Beschuldigte aber beschwor unter Eid, dass er von dem Blutvergiessen nichts gewusst habe. Als der Streit eine Weile lang gedauert hatte, fragte der Altvater, wo der Ermordete begraben sei. Als sie ihm den Ort nannten, ging er mit ihnen zum Grab. Dort rief er auf den Knien den Namen Christi an und sagte zu denen, die dabei standen: «Nun wird der Herr zeigen, ob der, den ihr beschuldigt, wirklich der Schuldige ist.» Und mit erhobener Stimme rief er den Namen des Toten. Als der aus dem Grab antwortete, fragte der Altvater ihn: «Im Glauben an Christus beschwöre ich dich, dass du jetzt sagst, ob du von diesem Mann, der mit dir in Verbindung gebracht wird, getötet worden bist.» Da antwortete dieser mit lauter

Stimme aus dem Grab, er sei nicht von ihm getötet worden. Da fielen alle erschrocken zur Erde und zu Füssen des Altvaters und begannen ihn zu bitten, dass er den Toten fragen möge, von wem er denn getötet worden sei. Da sagte der Altvater: «Das werde ich nicht fragen, denn es genügt mir, dass der Unschuldige freigelassen wird. Es ist nicht meine Sache, dass der Schuldige ans Licht kommt. Vielleicht bereut er schon sein Verbrechen, und besinnt sich, damit seine Seele gerettet werde.»

Einmal, während der Erntezeit, nahmen drei Brüder eine bezahlte Arbeit an. Sie verpflichteten sich, ein bestimmtes Feld von sechzig Mass abzuernten. Einer der drei wurde schon am ersten Tag krank und kehrte in seine Zelle zurück. Die beiden anderen, die bei der Arbeit blieben, sagten zueinander: «Siehst du, Bruder, unser Bruder ist jetzt krank. So wollen wir uns nun besonders anstrengen und von Gott erhoffen, dass wir auf das Gebet unseres Mitbruders hin sowohl unsere Arbeit als auch seinen Teil bewältigen.» Als sie nun das ganze Feld abgeerntet hatten und hingingen, um ihren Lohn zu holen, riefen sie auch jenen Bruder und sagten: «Komm, Bruder, nimm auch du deinen Lohn!» Der aber sagte: «Welchen Lohn soll ich empfangen, da ich nicht geerntet habe?» Aber jene sagten: «Durch dein Gebet haben wir die Ernte eingebracht, so komm und nimm deinen Lohn.» Darüber entstand ein grosser Streit: Jener sagte, er wolle nichts nehmen, weil er nichts gearbeitet habe, diese hingegen wollten nicht eher ruhen, als bis er seinen Lohn genommen habe. Da brachten sie ihren Streit zur Entscheidung vor einen grossen Altvater. Der Bruder sagte: «Wir drei gingen aus, um auf dem Feld eines Mannes für Taglohn zu ernten. Als wir dort ankamen, wurde ich krank und kehrte in meine Zelle zurück, so dass ich keinen einzigen Tag mit ihnen arbeiten konnte. Und nun wollen sie mich zwingen, den Lohn zu nehmen, obwohl ich doch gar nicht gearbeitet habe.» Die beiden anderen Brüder aber sprachen: «In Wahrheit sind wir ausgezogen, um zu ernten. Und wir verpflichteten uns, eine Fläche von dreissig Tagwerk abzuernten. Selbst wenn wir alle drei zusammen geholfen hätten, hätten wir diese Arbeit nur mit grösster Mühe leisten können. Aber durch das Gebet des Bruders wurden wir schneller damit fertig, als wir es sonst geschafft hätten. Und wir haben das ganze Feld abgeerntet. Darum sagten wir auch zu ihm, er solle seinen Lohn bekommen. Er will aber nicht.» Als der Altvater das hörte, staunte er und sagte zu einem seiner Mönche: «Geh und gib das Zeichen, dass sich alle Brüder versammeln sollen.» Als sie gekommen waren, sagte er ihnen: «Kommt, meine Brüder, und hört heute ein gerechtes Urteil!» Da erzählte er ihnen die ganze Sache und verurteilte den Bruder dazu, seinen Lohn zu nehmen und damit zu tun, was, er wolle. Der Bruder aber ging traurig weg, als sei ihm das grösste Unrecht geschehen.

Einer der Altväter wurde krank und konnte tagelang nichts essen. Schliesslich zwang ihn sein Schüler dazu und sagte: «Wenn du willst, Vater, mache ich dir etwas Brei.» Und als er nickte, bereitete er ihn zu. Er hatte ein kleines Gefäss mit Honig und ein anderes ähnliches Gefäss mit gepresstem Olivenöl, das ranzig war und zu nichts anderem mehr taugte als für die Lampe. Nun irrte sich der Bruder und tat davon in das Essen des Alten, weil er meinte, er tue Honig hinein. Der Greis probierte, sagte aber nichts, sondern ass schweigend. Erst als er ihm das dritte Mal gab, sprach er zu ihm: «Mehr kann ich nicht essen, mein Sohn.» Der aber wollte ihm gut zureden und sagte: «Schau, Vater, es ist gut, ich will auch davon essen.» Als er aber gekostet hatte und merkte, was er getan hatte, fiel er auf sein Angesicht und schrie: «Weh mir, Vater! Ich habe dir Schmerzen bereitet! Diese Sünde hast du mir auferlegt, weil du nichts gesagt hast.» Da sprach der Greis zu ihm: «Sei nicht traurig, mein Sohn, denn wenn Gott gewollt hätte, dass ich etwas Gutes ässe, hättest du Honig genommen und nicht das, was du hineingetan hast.»

Es war einmal eine Versammlung in der Sketis, und die Väter sprachen viel über einen Bruder, der versagt hatte. Ein Altvater aber schwieg. Dann stand er auf, ging hinaus, nahm einen Sack, füllte ihn mit Sand und lud ihn auf seinen Rücken. Darauf tat er etwas von dem gleichen Sand in einen Korb und trug ihn vor sich her. Und als ihn die Väter fragten, was das bedeuten solle, antwortete er: «Dieser Sack mit dem vielen Sand steht für meine Sünden, und weil es so viele sind, habe ich sie auf meinen Rücken geladen, damit ich sie nicht anschauen und über sie trauern und klagen muss. Dies bisschen Sand hier sind die Verfehlungen dieses Bruders; die habe ich vor Augen und wühle darin und verdamme meinen Bruder. Aber so soll es nicht sein, sondern meine grössere Sündenmenge soll mir vor Augen stehen, und ich soll darüber nachdenken und Gott um Vergebung bitten.»

Zwei Brüder wohnten in den Kellien. Der eine war alt. Er bat den anderen, der jung war: «Lass uns zusammenbleiben, Bruder.»

Der aber antwortete ihm: «Ich bin ein Sünder, Vater, und kann nicht bei dir bleiben.»

Der Alte aber bat ihn und sagte: «Wir können es wohl und sollten es wenigstens einmal miteinander versuchen.»

Da sprach der Jüngere zu ihm: «Lass mich für eine Woche weggehen, und danach wollen wir wieder darüber reden.»

Als die Woche um war, kam der Greis zu ihm und wollte bleiben. Der Jüngere aber wollte ihn auf die Probe stellen und sprach: «Ich bin in dieser Woche in grosse Versuchung geraten, Vater. Als ich nämlich mit einem Auftrag ins Dorf ging, habe ich mich dort mit einer Frau eingelassen.»

Der Greis sprach zu ihm: «Gibt es denn keine Busse?»

Und der Bruder antwortete: «Doch, es ist mir eine Busse auferlegt worden.»

Da sprach der Greis: «Ich nehme die Hälfte dieser Busse auf mich.»

Da antwortete der jüngere Bruder: «Jetzt weiss ich, dass wir zusammenbleiben können.» Und sie blieben zusammen, bis der Tod sie schied.

Zwei Altväter lebten zusammen in einer Zelle und hatten nie Streit miteinander. Da sagte der eine zum anderen: «Lass uns doch einmal streiten, wie die anderen Menschen auch!»

Der andere antwortete: «Ich weiss nicht, wie man streitet.»

Da sagte der andere zu ihm: «Schau, ich stelle einen Ziegelstein zwischen uns und sage: Dieser gehört mir. Dann musst du sagen: Der gehört dir nicht, der gehört mir. Und daraus entsteht dann Uneinigkeit und Streit.»

Als sie den Stein in die Mitte gelegt hatten, sagte der eine: «Er gehört mir.»

Der andere aber antwortete: «Ich hoffe, er gehört mir.»

Und als der Erste wieder sagte: «Er ist nicht deiner, er gehört mir», da antwortete ihm der andere: «Gut, wenn er deiner ist, dann nimm ihn!»

Da fanden sie keinen Grund mehr, sich zu streiten.

Der Altvater Ammonas ging einmal irgendwo hin, um zu essen. Dort war ein Mönch, der einen schlechten Ruf hatte. Da kam eine Frau und ging in die Zelle dieses Mönches. Als die anderen Mönche davon erfuhren, gerieten sie in Aufregung, und beschlossen, diesen Mönch aus ihrer Gemeinschaft zu vertreiben. Als sie hörten, dass Abba Ammonas zu Besuch war, forderten sie ihn auf, mit ihnen zu kommen. Der liederliche Bruder merkte, dass die Nachbarn kamen, und so setzte er die Frau in ein grosses Fass. Als Ammonas mit den aufgebrachten Mönchen eintrat, wusste er sofort, was geschehen war. Doch um Gottes Willen verbarg er es. Er setzte sich auf das Fass und ordnete eine Durchsuchung der Zelle an. Aber obwohl die Mönche sorgfältig suchten, fanden sie die Frau nicht. Da sagte der Altvater Ammonas: «Was soll das? Gott vergebe euch die falsche Anschuldigung!» Und die Mönche gingen beschämt davon. Da nahm Ammonas den Bruder bei der Hand und sagte zu ihm: «Pass auf dich auf, Bruder!» Nach diesen Worten ging auch er.

11
Über den geistlichen Kampf

Stiege ich hinauf zum Himmel, du bist dort,
und schlüge ich mein Lager auf im Totenreich,
sieh, du bist da.
Nähme ich die Flügel der Morgenröte
und liesse mich nieder am äussersten Ende des Meeres,
auch dort würde deine Hand mich leiten
und deine Rechte mich fassen.
Und spräche ich: Finsternis breche über mich herein,
und Nacht sei das Licht um mich her,
so wäre auch die Finsternis nicht finster für dich,
und die Nacht wäre licht wie der Tag,
Finsternis wie das Licht.
Psalm 139,8–12

Sprüche

Es steht geschrieben: «Seid klug wie die Schlangen und ohne Falsch wie die Tauben.» Damit ist gemeint, dass uns die Angriffe und Methoden des Teufels nicht fremd sein sollen. Denn Ähnliches wird am leichtesten durch Ähnliches erkannt. Die Einfalt der Tauben dagegen bedeutet die Reinheit des Handelns.

Je mehr die Wettkämpfer Fortschritte machen, desto stärker müssen die Gegner sein, mit denen sie es zu tun haben.

Habe stets geistliche Lieder im Munde, und die beständige Betrachtung erleichtere dir die Last der Versuchungen, mit denen du zu kämpfen hast, wie das Beispiel eines Wanderers zeigt, der, von der Last eines schweren Bündels niedergebeugt, durch Rasten und Verschnaufen die Mühsal seiner Last und seines Weges erleichtert.

Was über das rechte Mass ist, ist von den Dämonen.

Wenn der Feind uns zwingen will, die Herzensruhe aufzugeben, dann lasst uns nicht auf ihn hören. Denn nichts ist ihr und dem Fasten gleich. Beide verbünden sich im Bund gegen ihn; weil sie den inneren Augen Scharfblick verleihen.

Wenn ein Mensch bei einem anderen etwas ausleiht, entweder aus Armut oder aus Mangel an Besitz, so dankt er bei der Rückgabe, gibt es aber heimlich zurück, weil er sich schämt. Bei Gott ist es umgekehrt: Er leiht im Verborgenen, aber die Rückgabe erfolgt im Angesicht der Engel, der Erzengel und der Gerechten.

Wenn einem Tier die Augen verbunden sind, geht es um die Mühle herum. Hat es aber keine Augenbinde, so dreht es sich nicht in der Mühle. So ist es auch mit dem Teufel: Wenn er dem Menschen die Augen verdecken kann, verführt er ihn zu allen Sünden. Wenn aber die Augen des Menschen nicht verbunden sind, kann er ihm leichter entfliehen.

Wer arbeitet, wird nur von einem Teufel versucht, wer aber frei hat, den bedrängen unzählige bösen Geister.

Wenn wir uns an das Böse erinnern, das uns von anderen Menschen zugefügt wurde, nehmen wir unserem Geist die Kraft, sich an Gott zu erinnern. Wenn wir uns aber an das

Böse erinnern, das von Dämonen verursacht wurde, werden wir immer stärker.

Wer die Dämonen austreiben will, muss zuerst die Leidenschaften unterwerfen. Jede Leidenschaft, die man überwindet, treibt ihren Dämon aus. Ein Dämon begleitet den Zorn. Wenn du nun den Zorn beherrschst, so ist auch sein Dämon ausgetrieben. Und so ist es mit jeder Leidenschaft.

Wundere dich nicht, dass du, obwohl du ein Mensch bist, ein Engel werden kannst. Denn dir ist eine Herrlichkeit gesetzt, die den Engeln gleich ist. Und das ermöglicht unser Heerführer den Kämpfenden.

Der Teufel, der Teufel, immer schiebt man alles auf den Teufel. Ich aber sage: der Egoismus!

Dialoge

«Warum fürchten dich die Dämonen so sehr?»
«Seit ich Mönch geworden bin, bemühe ich mich, den Zorn nicht bis zur Kehle aufsteigen zu lassen.»

«Warum bekämpfen mich die Teufel so stark?»
«Wie? Die Teufel bekämpfen dich? Manchmal bilden wir uns das nur ein, denn wenn wir zum Beispiel nach unserem Egoismus oder nach unserem Narzissmus handeln, streiten die Teufel nicht mit uns; das wäre auch unnötig, denn dann ist unser eigener Wille zum Teufel geworden, und der Teufel ist es, der uns quält, ihm zu folgen.»

Ein Bruder fragte den Altvater: «Wieso vermögen die Dämonen etwas gegen uns?» Da antwortete der Greis: «Durch unseren Willen.» Und er fügte hinzu: «Die Bäume auf dem

Libanon haben gesprochen: Wie gross und hoch sind wir, und doch werden wir von einem winzigen Eisen gefällt. Darum wollen wir dem Eisen nichts von uns geben, so kann es uns nicht fällen. Da kamen die Menschen und machten sich Stiele für ihre Äxte aus dem Holz der Bäume und fällten sie damit. Die Bäume aber sind die Seelen. Die Axt ist der Teufel, der Stiel unser Wille. Durch unseren eigenen bösen Willensstrebungen werden wir gefällt.»

«Was soll der Mensch tun in allen Anfechtungen, die über ihn kommen, und in allen Gedanken, die ihm der böse Feind einflüstert?»

«Er muss die göttliche Güte anflehen, dass sie ihm zu Hilfe komme und ihm beistehe. Denn es steht geschrieben: Der Herr ist mein Helfer, ich werde wegschauen über meine Feinde.»

«Wie kommt es, dass die bösen Geister mich daran hindern, meinem Nächsten Gutes zu tun?»

«Rede nicht so, sonst machst du Gott zum Lügner. Warum sagst du nicht einfach, ‹Ich will gar nicht gut sein?› Denn vor langer Zeit hat Gott so gesprochen: ‹Ich habe euch die Macht gegeben, auf Schlangen und Skorpione zu treten, und Macht über alle Gewalt des Feindes.› Weshalb stampfst du also den bösen Geist nicht einfach in Grund und Boden?»

«Hat der Satan die Altväter auch so verfolgt?»

«Noch mehr, weil er der Meinung war, seine Zeit sei gekommen, und deshalb war er in Unruhe.»

Geschichten

Als einmal ein Altvater in eine Stadt kam, um kleine Gefässe zu verkaufen, sah er am Wegesrand einen Aussätzigen. Dieser fragte ihn, wohin er gehe.

Der Altvater antwortete: «In die Stadt, um Gefässe zu verkaufen.»

Da sprach er zu ihm: «Tu mir einen Gefallen und bring mich dorthin.» So nahm er ihn auf und trug ihn in die Stadt.

Er sprach zu ihm: «Da, wo du deine Gefässe verkaufst, da lege mich nieder.» Und der Greis tat so. Nachdem er ein Gefäss verkauft hatte, fragte ihn der Aussätzige: «Für wie viel hast du es verkauft?»

Er antwortete: «Um soundso viel …»

Und der Aussätzige bat ihn: «Kauf mir einen Kuchen!» Und er kaufte ihn. Und wieder verkaufte der Alte ein Gefäss, und der andere fragte: «Für wie viel?»

«Um so viel …»

Und er sprach zu ihm: «Kauf mir das …» Und er kaufte es. Als er alles verkauft hatte und nach Hause gehen wollte, sagte der Kranke zu ihm: «Gehst du?»

Er antwortete: «Ja.»

Da sagte er zu ihm: «Tu mir einen Gefallen und bringe mich dorthin zurück, wo du mich gefunden hast.»

Da nahm ihn der Alte auf seine Schulter und brachte ihn dahin, wo er ihn gefunden hatte.

Der Aussätzige aber sprach: «Gesegnet bist du vom Herrn im Himmel und auf Erden.»

Als der Altvater seine Augen hob, sah er niemanden. Denn es war ein Engel des Herrn, der gekommen war, ihn zu prüfen.

Die Altväter erzählten von einem berühmten Greise, der, als er in der Wüste wanderte, zwei Engel sah, die ihn begleiteten, einer zur Rechten und einer zur Linken. Und als sie so gingen, fanden sie ein Aas am Wege liegen. Der Greis hielt sich die Nase zu, weil es so stank. Das taten die Engel auch. Und als sie ein Stück weitergegangen waren, fragte der Greis: «Ihr habt das auch gerochen?» Da sprachen sie zu ihm: «Keineswegs; wir haben uns um deinetwillen die Nase zugehalten. Denn die Unreinheit dieser Welt riechen wir nicht, weil sie uns nicht erreicht; aber den Geruch der Seelen, die den Gestank der Sünde an sich tragen, den riechen wir.»

Ein Altvater verliess eines Nachts seine Zelle und verirrte sich. Drei Tage und drei Nächte war er unterwegs. Übermüdet gab er es auf und fiel nieder, als wollte er sterben. Da stand plötzlich ein Knabe vor ihm mit einem Brot und einem Krug Wasser. Und er sprach zu ihm: «Steh auf und iss!» Er stand auf und fing an zu beten; denn er meinte, es sei ein Traum gewesen. Der Knabe sagte zu ihm: «Du hast gut getan.» Und er betete noch ein zweites und ein drittes Mal. Der Knabe sprach zu ihm: «Du hast es recht gemacht!» Nun stand der Greis auf, nahm und ass. Danach sagte der Knabe zu ihm: «So weit bist du gewandert, so weit bist du von deiner Zelle entfernt. Aber steh auf und folge mir!» Auf der Stelle fand er sich in seiner Zelle. Da sprach der Alte zu dem Knaben: «Komm herein und sprich uns ein Gebet!» Als aber der Greis eintrat, war der Knabe verschwunden.

Amma Sahra wurde einmal von einem Dämon der Unreinheit besonders heftig angegriffen. Aus Gottesfurcht und Askese gab sie nicht nach, sondern floh auf das Dach der Zelle, um zu beten. Da zeigte sich der Dämon leibhaftig und sprach: «Du hast mich besiegt, Sahra!» Sie aber antwortete: «Nicht ich habe dich besiegt, sondern mein Herr Christus.»

Ein Altvater kam an einen Ort, wo jeder tat, was er wollte. Die Bewohner, die Gott nicht fürchteten, lachten über diejenigen, die ihnen von bösen Geistern erzählten. Der Alte ging durch das Dorf und liess sich ausserhalb nieder. Er schlief ein wenig ein und hatte im Traum eine Vision. In der Mitte des Dorfplatzes sah er einen Thron, auf dem ein böser Geist sass. Dieser seufzte vor Langeweile. «Ich habe hier zu wenig zu tun», sagte er. «Was?» fragte der Altvater, «hier zu wenig Arbeit?» – «Ja», sagte der böse Geist, «darum bin ich auch allein an diesem Ort; denn wo die Menschen schon selbstherrlich sind und spotten, dass es uns gar nicht gäbe, da genügt einer von uns für einen ganzen Ort.»

Ein Altvater kam in eine Versammlung der Brüder, und sah, dass ein Bruder schuldig geworden war. Daher sass er zu Gericht über ihn. Als er aber in die Wüste zurückkehrte, erschien ihm ein Engel Gottes, stellte sich vor die Tür seiner Zelle und sprach: «Ich lasse dich nicht herein.» Er aber bat und sprach: «Warum nicht?» Der Engel Gottes antwortete: «Gott hat mich beauftragt, dich zu fragen: ‹Wie soll ich mit dem schuldigen Bruder verfahren, den du verurteilt hast?›» Da warf sich der Altvater voller Reue nieder und sagte: «Ich habe gesündigt, verzeih mir!» Und der Engel sprach: «Stehe auf, Gott verzeiht dir. Aber hüte dich in Zukunft, irgendjemanden zu verurteilen, bevor Gott ihn verurteilt hat.»

Ein Altvater wurde einmal von einem Dämon so sehr bedrängt, dass er nicht mehr in seiner Zelle bleiben konnte, sondern zu einem anderen Altvater ging und ihm von seiner schweren Bedrängnis erzählte. Als dieser ihn nun mit den Zeugnissen der Heiligen Schrift getröstet hatte und ihn bat, in seine Zelle zurückzukehren, weigerte sich der erste Altvater, allein in seine Zelle zu gehen. Da führte der andere ihn hinauf aufs Dach der Zelle. Und er sagte zu ihm: «Wende dich nach Westen und schau!» Als er sich dorthin wandte, sah er eine Schar von Dämonen heranstürmen, gewaltig und mit grosser Kraft, zum Kampf gerüstet, bereit, sich in die Schlacht zu stürzen. Dann sagte der Altvater: «Wende dich nun nach Osten und sieh!» Und als er sich dorthin wandte, sah er eine unzählbare Schar heiliger Engel, ein herrliches Heer himmlischer Mächte, strahlender als die Sonne. Da sagte der Altvater zu ihm: «Die du im Westen gesehen hast, das sind die, die auch die Heiligen Gottes bedrängen. Die du aber im Osten gesehen hast, die sendet Gott seinen Heiligen zu Hilfe. So erkenne nun, wie viele auf unserer Seite sind, wie einst der Prophet Elisa erkannte. Denn grösser ist der, der in uns ist, als der, der auf dieser Welt ist.» Als er dies gehört hatte, war der bedrängte Altvater in Gott getröstet, kehrte in seine Zelle zurück, dankte und pries die Langmut unseres Herrn Jesus Christus.

Ein Altvater kehrte bei Tagesanbruch mit Palmblättern in seine Zelle zurück. Da lief ihm der Teufel mit einer scharfen Lanze entgegen und wollte ihn durchbohren. Es gelang ihm aber nicht. Da rief er aus: «Du machst mir viel Mühe, denn ich brenne darauf, dir zu schaden, aber ich kann es nicht. Was du auch tust, darin bin ich dir überlegen. Du fastest von Zeit zu Zeit. Ich aber nehme nie Nahrung zu mir. Du wachst oft; ich aber werde nie vom Schlaf übermannt. Und doch muss ich bekennen, dass du mich in einer einzigen Sache übertriffst.» Als der Alte wissen wollte, was das sei, antwortete er: «Deine Demut allein besiegt mich.» Als der Widersacher dies gesagt hatte, erhob der Altvater seine Hände zum Gebet. Da löste sich der unsaubere Geist in Luft auf.

Ein bewährter Altvater kam einmal an der Zelle eines Bruders vorbei, der von Arbeitswut befallen war. Er arbeitete unermüdlich, um irgendwelche überflüssige Dinge besitzen zu können. Der Altvater beobachtete schon von weitem, wie dieser Bruder sich abmühte, mit einem schweren Hammer einen Felsbrocken zu zertrümmern. Zugleich sah er hinter ihm eine düstere Gestalt, die ihre Hände mit denen des Mönches zu verschränken schien, als ob sie mit ihm zusammenarbeitete. Dann aber sah es auch wieder so aus, als ob sie ihm brennende Fackeln in die Seiten steckte, um ihn zu noch grösserer Anstrengung anzuspornen. Der Altvater blieb lange stehen, voller Staunen über die Zerstörungskraft, mit der dieser grimmige Teufel am Werk war, und gleichzeitig voller Verwunderung darüber, dass der Bruder selbst die Schändlichkeit seiner Arbeitswut überhaupt nicht bemerkte.

Schliesslich fragte der Altvater den Bruder: «Was machst du da?»

Der antwortete: «Wir bearbeiten diesen überaus harten Felsblock, aber es ist uns noch nicht gelungen, ihn zu zerschlagen.»

Darauf der Altvater: «Du sagst richtig ‹wir›, denn du warst bei deiner Arbeit nicht allein. Es war einer bei dir, nicht um dir zu helfen, sondern um dich zu noch grösserer Arbeitswut anzustacheln.»

Einst erschien der Teufel einem Bruder. Er hatte sich in ein Engel des Lichtes verwandelt und sprach: «Ich bin der Engel Gabriel und zu dir gesandt!» Der Bruder aber entgegnete: «Schau, ob du nicht zu einem anderen geschickt wurdest; denn ich bin nicht würdig, dass ein Engel zu mir komme.» Sofort verschwand der Teufel.

Ein Abba wanderte mit seinem Schüler durch die Wüste. Als sie einen Drachen sahen, flohen sie. Da sagte der Schüler zum Altvater: «Hattet ihr auch Angst, Vater?». Der Alte antwortete: «Ich hatte keine Angst, mein Sohn. Aber es war gut, dass ich vor dem Drachen geflohen bin, sonst wäre ich der Eitelkeit nicht entkommen.»

Einem Altvater erschienen einst Gestalten, die wie Engel aussahen und so zahlreich waren wie ein himmlisches Heer.

Sie hatten feurige Wagen von grosser Pracht und glichen denen, die einen grossen König begleiten. Und einer, welcher der König von allen zu sein schien, beugte sich zu ihm herab und sagte: «Du hast alles getan, o Mann Gottes, was du tun konntest. Jetzt fehlt nur noch, dass du mich anbetest, und ich führe dich wie Elia in den Himmel.» Aber der Mann Gottes, der diese Worte hörte, sagte in seinem Herzen: «Was soll das? Täglich bete ich den Herrn an, der mein König ist. Wenn er es wäre, wie könnte er mir befehlen, ihn anzubeten, wo er doch weiss, dass ich es unaufhörlich tue? Er antwortete: «Ich habe meinen König, den ich ohne Unterlass anbete. Du aber bist nicht mein König.» Da verschwand der ganze Zug mit dem, der sich als König ausgegeben hatte.

Von einem Altvater wird berichtet, er habe siebzig Wochen lang gefastet und nur einmal in der Woche etwas gegessen. Er bat Gott, ihm ein bestimmtes Wort der Heiligen Schrift zu offenbaren. Aber Gott offenbarte es ihm nicht. Da sagte er zu sich selbst: «Nun habe ich mich so angestrengt und nichts erreicht. Ich will zu meinem Bruder gehen und ihn fragen.» Als er aber hinausgegangen war und die Tür verschlossen hatte, um sich auf den Weg zu machen, da erschien ihm ein Engel Gottes. Er sprach: «Die siebzig Wochen des Fastens haben dich Gott nicht viel näher gebracht. Jetzt aber, da du den niedrigsten Weg gehen willst und zu deinem Bruder gehst, bin ich gesandt, dir diese Schriftstelle auszulegen.» Und er sagte ihm, was er wissen wollte, und verliess ihn.

12
Vom Sterben

Unsere Tage zu zählen, lehre uns,
damit wir ein weises Herz gewinnen.
Psalm 90,12

Sprüche

Wenn du die Ewigkeit künftiger Herrlichkeit betrachtest, dann ist auch das längste Menschenleben nichts. Wenn du in diese unendliche Glückseligkeit eintauchst und sie betrachtest, dann fühlst du keinen Schmerz mehr. So wie Rauch zu nichts vergeht und Feuer zu Asche wird, so sind sie verschwunden.

Das ist die grosse Macht des Menschen, dass er seine Sünde wegwerfen kann vor Gott, doch er muss auf Versuchung gefasst sein bis zum letzten Atemzug.

Dein Denken sei ganz und gar auf das Königreich der Himmel gerichtet, denn in Kürze wirst du es ererben.

Denke immer an deinen Ausgang und vergiss nicht das ewige Gericht, so wird deine Seele ohne Verfehlung sein.

Drei Dinge fürchte ich: wenn meine Seele aus dem Leben scheidet, wenn ich Gott begegne, und wenn sein Urteilsspruch über mich ergeht.

Vom Sterben

Ein Mensch, der den Tod stündlich vor Augen hat, besiegt die Mutlosigkeit.

Kämpft, um durch die enge Pforte einzugehen! Es ist wie mit den Bäumen: Ohne Gewitter und Regengüsse tragen sie keine Früchte. So ist auch diese Zeit für uns eine Zeit der Stürme. Nur durch viele Bedrängnisse und Anfechtungen werden wir Erben des Himmelreiches.

Bedenke alle Tage, dass dein Tod nahe ist, und sorge dich um nichts in dieser Welt, als lägest du schon lange im Grab. Habe allezeit Gottesfurcht in dir. Halte dich für geringer als alle Menschen. Rede von niemandem Schlechtes, denn Gott weiß alles. Sei vielmehr in Frieden mit allen, dann wird Gott dir die Ruhe des Herzens schenken.

Wenn ich meinen Fuss auf die Leiter stelle, um hinaufzusteigen, dann halte ich mir den Tod vor Augen, bevor ich hinaufsteige.

Wenn du Gold oder Silber verloren hast, wirst du einen Ersatz dafür finden. Verlorene Zeit ist unersetzlich.

Wenn mich Gott am Leben erhalten will, wird er wissen, wie er es mit mir machen will. Wenn er es aber nicht will, wozu soll ich dann leben?

Sterbend sagte ein Altvater: «Der Mönch soll sein wie die Cherubim und Seraphim: ganz Auge.»

Dialoge

Als ein Altvater im Sterben lag, versammelten sich seine Schüler bei ihm und fragten: «Wie sollen wir leben?»

Er antwortete: «Ich weiss nicht, ob ich jemals jemandem befohlen habe, etwas zu tun, bevor ich es selbst getan habe. Ich bin nicht zornig geworden, wenn jemand nicht getan hat, was ich wollte. Und so habe ich die ganze Zeit in Frieden mit euch gelebt.»

Als ein Altvater im Sterben lag, wies er seine Jünger an:
«Tut dies: Freut euch allezeit, betet ohne Unterlass und dankt Gott, was immer kommen mag.»

Als ein Altvater im Sterben lag, versammelten sich die anderen bei ihm und sagten: «Was sollen wir nach dir tun, Vater?» Er aber antwortete ihnen: «Seht, wie ich euch vorausgegangen bin. Wenn auch ihr bereit seid, mir zu folgen und die Gebote des Herrn haltet, so wird er euch seine Gnade senden. Wenn ihr sie aber nicht befolgt, werdet ihr nicht an diesem Ort bleiben dürfen. Als unsere Väter im Sterben lagen, litten auch wir. Indem wir aber die Gebote des Herrn und die Weisungen der Väter hielten, blieben wir bestehen, als wären sie noch unter uns. So tut auch ihr, und ihr werdet das Heil finden.»

Als ein Bruder im Sterben lag, fragte ihn sein Altvater: «Was siehst du?» Er antwortete: «Nichts ist besser, als zu schweigen, Vater.» Da sagte er zu ihm: «Das ist wahr, mein Sohn, also sei still!» Im Augenblick seines Todes aber blickte der Altvater, der bei ihm sass, zum Himmel auf und sprach: «Freue dich, mein Sohn, denn die Tore des Himmelreiches haben sich dir aufgetan.»

«Kann ein lebender Mensch ein Leichnam sein?»
«Wenn er in Sünde fällt, ist er ein Toter. Wenn er sich zum Guten wendet, wird er leben und das Gute tun.»

«Vater, da waren zwei Männer, der eine ein Mönch, der andere ein Weltmensch. Der Mönch dachte abends daran, am Morgen das Mönchskleid abzulegen, der Weltmensch, Mönch zu werden. Beide starben in der gleichen Nacht. Was wird ihnen nun angerechnet?»

«Der Mönch ist als Mönch gestorben und der Weltmensch als Weltmensch: in dem Zustand, in dem sie starben, gingen sie dahin.»

«Wenn deine Höhle plötzlich einstürzt, fürchtest du dich dann auch, Vater?»
«Selbst wenn der Himmel auf die Erde stürzen würde, hätte ich keine Angst. Denn ich habe Gott gebeten, alle Furcht von mir zu nehmen».

«Was mache ich mit den nutzlosen Begierden, die ich habe?»
«Wer an den Begierden dieser Welt hängt, ist ein Mensch, der bis zum Tod schläft. Komme ihnen nicht nahe und berühre sie nicht, sie entfremden sich von selbst.»

Als ein Altvater sich anschickte, nach Syrien auszuwandern, sagte ein Schüler zu ihm: «Vater, ich will hier nicht weg! Aber ich will dich auch nicht gehen lassen. Bleib noch drei Tage hier!» Und am dritten Tag starb er.

Als ein Altvater im Sterben lag, sagte er zu anderen Vätern, die um ihn standen: «Meine Brüder, seit ich in diese Wüste kam und mir diese Zelle baute, kann ich mich nicht erinnern, dass ich Brot gegessen habe, das ich nicht mit meiner Hände Arbeit erworben habe, noch dass ich bis zu dieser Stunde Leid getragen habe über das, was ich gesagt habe, bis zu dieser Stunde. Und dennoch gehe ich so zu Gott, als ob ich noch nicht begonnen hätte, ihm zu dienen.»

Geschichten

Als Hilarion achtzig Jahre alt war, schrieb er in Abwesenheit des Hesychius eigenhändig einen kurzen Brief, der sein Testament enthalten sollte. Ihm hinterliess er alle seine Reichtümer, die Evangelienhandschrift, die sackartige Tunika, die Kapuze und einen Mantel, da sein Diener wenige Tage vorher gestorben war. Während seiner Krankheit wurde Hilarion von vielen frommen Männern besucht, zumal sie wussten, dass er gesagt hatte, er werde zum Herrn gehen und müsse von den Fesseln seines Körpers befreit werden. Er beschwor sie alle, ihn nach seinem Tod keinen Augenblick über der Erde zu lassen, sondern ihn sofort hier im Garten zu begraben, so wie er gerade angezogen war, in seiner Tunika aus Ziegenhaar, seiner Kapuze und seinem groben Mantel. Nur eine mässige Wärme war noch in seinem Körper zu fühlen. Ausser dem lebendigen Geist zeugte nichts mehr von dem Leben, das in ihm war. Dennoch sprach er mit offenen Augen: «Fahre hinaus, wovor fürchtest du dich? Fahre hinaus, meine Seele, warum trägst du Bedenken? Fast siebzig Jahre hast du Christus gedient, und du fürchtest den Tod?» Bei diesen Worten hauchte er seinen Geist aus. Sofort wurde er in die Erde gebettet, und die Nachricht von seinem Begräbnis erreichte die Stadt, noch bevor die Nachricht seines Todes eintraf.

Zwei Anachoreten lebten zusammen. Der eine von ihnen war alt, der andere jung, der Schüler des Alten. Als der Alte starb, begrub ihn der Schüler auf dem Berg, nachdem er das Gebet gesprochen hatte. Nach einigen Tagen stieg der Schüler des Anachoreten vom Berg herab, kam zu bewohnten Orten, fand einen Mann, der auf dem Feld arbeitete und sprach zu ihm: «Tue mir einen Gefallen, Bruder, nimm Spaten und Hacke und komm mit mir!» Der Bauer ging sogleich mit ihm. Als sie auf dem Berg angekommen waren, zeigte der Anachoret dem Bauern das Grab seines Altvaters und sagte zu ihm: «Grabe hier!» Als das Grab ausgehoben war, stand der Mönch im Gebet. Danach küsste er den Bauern und sagte: «Bete für mich, Bruder!» Dann stieg er in das Grab hinab, legte sich neben seinen verstorbenen Altvater und gab sogleich seinen Geist auf. Der andere schloss das Grab und dankte Gott. Als er aber vom Berg herabgestiegen war, etwa einen Steinwurf weit, sprach er zu sich selbst: «Wahrhaftig, ich hätte noch den Segen der Heiligen erbitten sollen.» Als er aber zurückkam, fand er ihr Grab nicht mehr.

Begriffserklärungen

Abba, Altvater, Vater, Alter

Im Gegensatz zu heute ist in der Antike «alt» positiv konnotiert, «jung» dagegen wird mit Unreife assoziiert. Daher sind Titel wie «Altvater», «Altmutter» nicht abwertend gemeint, sondern sind Ehrentitel, die einen weisen, erprobten und geisterfüllten Menschen bezeichnen. Den Begriff «Abba» haben die Wüstenväter dem Neuen Testament entnommen. Dort gebraucht Jesus das Wort als familiäre Anrede für Gott: «Vater», «Papi». Heute mag es vermessen klingen, dieses Wort auf Menschen anzuwenden, aber für die Wüstenväter ist klar: Wenn der Heilige Geist durch jemanden spricht und handelt, dann verweist dieser Mensch auf den Vater im Himmel. Daher nennen die → Mönche einen geisterfüllten Menschen «Abba» oder «Amma» (→ Wüstenmutter) und betrachten sich als deren Kinder. Da Gott durch verschiedene Menschen spricht, kann dieser Titel auch jüngeren Männern oder Frauen verliehen werden. Nicht alle Mönche sind Abbas oder Ammas geworden. Die meisten bleiben einfach Bruder oder Schwester. Daher ist die übliche Bezeichnung «Wüstenväter» oder «Wüstenmütter» eigentlich nicht korrekt und man müsste von Wüstenmönchen oder Wüstennonnen reden. Aus «Abba» ist später «Abt» geworden. Doch die Anrede «Abba» zur Zeit der Wüstenmönche hat nichts mit dem späteren «Vorsteher eines Klosters» zu tun, sondern meint den geistlichen Vater.

Begriffserklärungen

Anachoret, Einsiedler, Eremit

«Anachoret» bezeichnet einen → Mönch, der sich aus der Gesellschaft zurückzieht. Das griechische Verb «anachoreo» bedeutet «weichen» oder «davonmachen» und entsprechend ist «Anachoret» mit «Aussteiger» ganz gut übersetzt. Manchmal trifft man auch das Wort «Eremit» an, das vom griechischen Wort für Einsamkeit/Wüste hergeleitet ist. Traditionell wird «Anachoret» als Synonym zu «Eremit» und «Einsiedler» verwendet. Dies ist etwas irreführend, denn ein Leben in absoluter Einsamkeit ist unter den Wüstenvätern eher die Ausnahme. Viele der Anachoreten leben in einer → Gemeinschaft mit lockerem Zusammenhalt: Man trifft sich am Sonntag zum gemeinsamen Gottesdienst und hilft sich bei Krankheit oder anderen Problemen aus. Anachoreten leben vom Flechten von Matten, Körben und Seilen oder bewirtschaften etwas Land zur Deckung des Eigenbedarfs. Als Begründer des Anachoretentums gilt Abba Antonius (251–356). Neben den Anachoreten gibt es die Bewegung der Koinobiten, welche in einer geregelten → Gemeinschaft leben.

Bibel

Die Bibel spielt eine zentrale Rolle im Leben der Wüstenväter. Sie steht im Hintergrund vieler Worte und Geschichten der Wüstenväter, aber sie wird auffallend wenig zitiert. Ein gelehrter Umgang mit der Bibel oder Diskussionen über biblische Probleme existieren fast gar nicht. Auch bei spirituellen Fragen wird nur wenig mit Bibelstellen argumentiert. Für die Wüstenväter ist die Heilige Schrift etwas für das Herz, nicht für den Kopf. Gottes Wort soll gelebt, nicht verstanden werden. Daher kommt es auch, dass Bibelstellen ohne zu zögern gleichzeitig wortwörtlich und allegorisch ausgelegt werden können. Nur wenige Mönche haben eine eigene Handschrift mit Psalmen, Evangelien oder anderen Büchern der Bibel, da solche Werke kostbar sind. Hinzu kommt, dass die Wüstenväter vielfach nicht lesen können. Daher müssen sie die biblischen Texte im Kopf bzw. im Herzen haben (vgl. im französischen «par cœur» für «auswendig»), um sie zum Gebet rezitieren zu können. Üblicherweise kennen sie die Psalmen und die Evangelien auswendig, viele Väter haben jedoch die ganze Schrift «in ihrem Herzen».

Dämonen, Geister

Der ausgeprägte Dämonenglaube der Wüstenväter lässt sich teilweise auf die Religion ihrer Vorfahren zurückführen. Dazu kommt, dass damals die moderne Unterscheidung in Diesseits und Jenseits noch nicht existiert. Zwischen «übernatürlichen/dämonischen» und «natürlichen» Ursachen wird nicht unterschieden. Eine Krankheit kann daher als «dämonisch» gelten und dennoch mit «natürlichen» Mitteln kuriert werden. Was als Kampf gegen Dämonen erscheint, entpuppt sich oft als Auseinandersetzung mit den eigenen Leidenschaften. Dabei wird nicht danach gefragt, ob der Affekt hausgemacht oder von einem Dämon verursacht wurde. Beides wird auf dieselbe Weise angegangen.

Geistliches Training (Askese)

Die Bezeichnung «Askese» geht auf ein griechisches Wort zurück, welches «Übung» oder «(sportliches) Training» bedeutet. Der Athlet übt für eine Medaille, der Asket trainiert, um Gott und sich selbst näher zu kommen. Geistliches Training beginnt immer mit einer → Unterscheidung der Geister. Die Übungen werden anhand der diagnostizierten → Leidenschaften gewählt. Sie beinhalten unterschiedliche

Praktiken, etwa die Reduktion auf das Wesentliche durch Verzicht, die Ausweitung von Verengungen durch gezieltes Geniessen und verschiedene symbolische Handlungen, um bewusst leben zu lernen.

Im Wort «Askese» schwingt heute das Bild eines genuss- und lustfeindlichen Hungerkünstlers mit, der mit Selbstkasteiung Gott gefallen will. Dies ist jedoch nicht im Sinne der Wüstenväter, die davon ausgehen, dass das Himmelreich nicht erhungert werden kann. Askese soll dem Menschen helfen, ein physisch, psychisch und geistlich gesundes Leben zu führen.

Dennoch gibt es Exzesse unter den Wüstenvätern. Ihr für uns oft nicht nachvollziehbares Askeseideal hat zwei Wurzeln: So sehr wie heute Körperkult betrieben wird, so sehr ist der damalige Zeitgeist körperfeindlich ausgerichtet. Der Mensch, so die damalige Meinung, müsse ablegen, was tierisch sei (Fressen, Saufen, Geilheit) und ein geistiges Wesen werden. Die zweite Wurzel ist in der sozialen Ungerechtigkeit der damaligen Zeit zu suchen. Viele der Wüstenväter waren schon von ihrer Herkunft her arme Hungerleider, die nun ihre Not zur Tugend machten – und sich dafür auch bewundern liessen. Gegen beides finden sich etliche Sprüche: Das richtige Mass und die Selbsterkenntnis spielen bei der Askese eine zentrale Rolle.

Geistliche Unterscheidung

Die Schulung im Umgang mit den Gedanken und der Kampf gegen die Leidenschaften beginnt mit einer regelmässigen Gebetspraxis. Hier kommt bei Anfängern im Glauben oft Ernüchterung auf. Denn nach kurzem Gebet schweift der Geist hierhin und dorthin, getrieben von unsteten Gedanken. Diese Gedanken werden mit dem geistlichen Vater oder der geistlichen Mutter betrachtet. Was steckt hinter den hindernden Gedanken? Was davon ist natürlich, wo verbergen sich → Leidenschaften, was hindert auf dem Weg zu Gott? Gerade Neulinge sollten diese geistliche Unterscheidung der Gedanken nicht ohne erfahrene Hilfe angehen. Der Grund liegt in einer verzerrten Wahrnehmung, die Leidenschaften generell mit sich bringen. Gedanken und Emotionen, ja selbst der Wunsch, Dinge zu tun, die man für gut hält, können über die wahren Hintergründe täuschen. So rühmt sich der Geizige seiner Sparsamkeit, der Leichtsinnige seines Mutes, der Fanatiker seiner Glaubenstreue und der Feige seiner Besonnenheit.

Gemeinschaft

Neben dem Einsiedlertum (→ Anachoret) ist ein «gemeinschaftliches Leben» (griechisch: Koinobion) die zweite Lebensform der Wüstenväter. Als ihr Begründer gilt Abba Pachom (292–346). Seine «koinobitischen» Gemeinschaften bestehen aus Häusern, in denen jeweils die Mönche mit gleicher Beschäftigung zusammen leben. Gemeinsam haben sie ein Gebetshaus, ein Speisehaus und ein Haus für die Kranken. Beten, Essen und die Hierarchie in der Gemeinschaft ist straff geregelt. Sie ist in einem Reglement schriftlich festgehalten. Aus diesen Gemeinschaften entwickeln sich später die Klöster.

Gottesfurcht, Furcht vor Gott

Gottesfurcht muss nichts mit Angst zu tun haben. Das Wort «fürchten», das im Zusammenhang mit «Gottesfurcht» verwendet wird, bedeutet ursprünglich, «vor jemandem oder etwas zurücktreten, einen räumlichen Abstand herstellen». Dabei wird nicht gesagt, warum zurückgetreten wird. Das kann aus Angst sein, wie bei «fürchten», aber auch weil man jemandem die Ehre geben will, wie in «Ehrfurcht». Zentral an diesem Begriff ist, dass man jemandem begegnet. Gottesfurcht ist somit die Reaktion des Menschen auf eine Gottesbegegnung. Die Reaktion kann von Angst, Furcht, Erstaunen und Freude bis zur → Herzensruhe gehen.

Weil aber im Empfinden vieler Menschen im Ausdruck «Furcht vor Gott» die Angst und nicht die Gottesbegegnung betont wird, habe ich es in den Sprüchen mit «Ehrfurcht vor Gott» übersetzt.

Herzensruhe (Hesychia, Apatheia)

Die Hesychia (griechisch für «Ruhe») ist in spirituellem Sinne die irdische Vorwegnahme des himmlischen Zustands. Hier ruhen alle Anfechtungen, Begierden, Wünsche und vor allem der eigene Wille: Hesychia meint das Geborgensein, das Zufriedensein und Ausruhen in Gott. Auf jemanden in der Herzensruhe treffen die Worte des Evangeliums nach Johannes zu: «An jenem Tage werdet ihr erkennen, dass ich in meinem Vater bin und ihr in mir und ich in euch.» (Joh 14,20)

Kutte, Kleid

Die Wüstenväter tragen eine einfache Tunika, die mit einem Strick zusammengehalten wird. Manche besitzen dazu einen Fellmantel. Einzelne besonders radikale Asketen sind fast oder ganz nackt. Es ist die Kleidung der Menschen der unteren gesellschaftlichen Schicht, aus der auch viele der Wüstenväter kommen: Bettler, Räuber oder arme Bauern sind so bekleidet. Erst später wird dieses Gewand zu einer Art Uniform für Mönche aus einem Kloster.

Begriffserklärungen

Leidenschaft

Leidenschaft ist in der Antike der Begriff für eine gewohnheitsmässige Seelenbewegung, die nicht im Einklang mit der Vernunft oder der Schöpfung steht und zu Sünden verleitet. Es handelt sich um einen stetigen und heftigen Zug, Trieben oder Emotionen nachzugeben. Leidenschaften können das Vorstellungsleben und den Willen einseitig dominieren, wie etwa Gier oder Zorn. Leidenschaften dürfen keinesfalls mit natürlichen Trieben wie Hunger oder Emotionen wie Angst verwechselt werden, die situativ auftreten und vergehen. Solche Gedanken in sich wahrzunehmen, gute wie böse, ist normal und entspricht der Natur des Menschen. Doch man muss lernen, mit ihnen umzugehen und sie zu zähmen, sonst regen sie Leidenschaften an und verunreinigen das Herz. Wenn ein Christ, eine Christin das Leben ganz auf Christus ausrichten will, so muss mit dem Kampf gegen die Leidenschaften durch das → geistliche Training begonnen werden. Ein gut trainiertes Herz hat zwar weiterhin Neigungen und Emotionen, geht aber adäquat damit um und kann, so Gott will, leidenschaftslos bzw. rein werden.

Mönch

Zunächst bedeutet das griechische Wort Mönch «Einzelner» und wird für einen unverheirateten Mann ohne Sippenanschluss gebraucht. Man könnte es also treffend mit «Single» oder «Randständiger» übersetzen. In den Augen der damaligen Gesellschaft ist jemand, der ohne Anschluss an eine Sippe lebt, ein Problemfall: Entweder will er nicht ehelichen, dann ist er ein Spinner, oder er kann nicht, dann ist er ein Fremdling, Räuber oder Bettler. Die Bezeichnung «Mönch» ist daher zunächst abschätzig gemeint und steht für einen nichtsnutzigen, meist kriminellen Aussenseiter. Erst als die Anachoreten zahlreich werden und die koinobitischen → Gemeinschaften blühten, ändert sich die Bedeutung des Wortes. Aus dem Aussenseiter wird ein Angehöriger einer religiösen Gemeinschaft. In den Sprüchen und Geschichten der Väter wird «Mönch» in seinem ursprünglichen Sinn als «Einzelner» gebraucht. Das Wort steht dann als Bezeichnung für jeden, der sich aufmacht, um mit Gott zu leben.

Sketis, Nitria, Kellia

Viele der Wüstenväter lassen sich in der sketischen Wüste nieder. Sie wird in der Wüste südlich von Alexandrien und westlich des Nils lokalisiert. Das Wort bedeutet Salzfeld – eine jüngere Bezeichnung ist Wadi Natrun, Natrontal. Die Bezeichnung Sketis wird in der monastischen Literatur so häufig verwendet, dass Sketis (oder Skite) als Synonym zu Mönchsgemeinschaft oder Einsiedelei verwendet wird, etwa auf dem Berg Athos. Östlich von der Sketis und näher am fruchtbaren Land sind die Kellia und die Nitria. Mit Thebais dagegen wird die Wüste um Theben bezeichnet – eine Stadt in Oberägypten, die heute unter dem Namen Luxor besser bekannt ist.

Tugenden

Tugenden sind die positiven Entsprechungen zu den Leidenschaften. Diese hilfreichen Neigungen der Seele können gezielt eingeübt werden, um Leidenschaften zu bekämpfen. Gegen Gier, Unzucht und Verfressenheit hilft ein massvoller Umgang mit den Trieben, gegen Überdruss die Lebenslust, gegen Hochmut die Demut, und so weiter. Die theologischen Tugenden aus 1Kor 13,13 werden gerne auf das geistliche Wachstum angewendet: Der Glaube ist die Grundlage der geistlichen Reifung, die Hoffnung die Antriebskraft, die Liebe aber das Ziel des Prozesses. Diese drei theologischen Tugenden werden um die vier aus der antiken Philosophie übernommenen Eigenschaften Klugheit, Gerechtigkeit, Tapferkeit und Mässigung zu den sieben Kardinaltugenden ergänzt. Sie werden den sieben Todsünden gegenübergestellt.

Weisungen der Väter (Apophtegmata Patrum)

Ein → Wort, das ein Abba einem Schüler gibt, wird von Letzterem auswendig gelernt und an andere Schüler weitergegeben. Durch diese mündliche Überlieferung unter den Mönchen wächst die Sammlung an Sprüchen immer mehr an, bis der Wunsch aufkam, sie aufzuschreiben. Die ältesten schriftlichen Sammlungen gehen auf das vierte Jahrhundert zurück und sind in koptischer, griechischer, syrischer und später auch in lateinischer Sprache abgefasst. Sie erhielten den Namen «Weisungen der Väter» oder «Sprüche der Väter» (= Apophthegmata Patrum). Diese Sammlungen lassen sich in drei Gruppen einteilen:

1. Die alphabetische Sammlung (Alphabetikon), die etwa 1000 Sprüche umfasst. Hier sind die Sprüche nach Namen des Altvaters alphabetisch geordnet.

2. Die anonyme Sammlung (Anonyma), die ca. 880 Sprüche enthält, die nicht einem bestimmten Mönch zugeschrieben sind und meist mit «Ein Abba sagte …» beginnen.

3. Die thematische Sammlung, in welcher Texte der beiden ersteren Sammlungen aufgenommen und mit weiteren Sprüchen ergänzt sind. Diese Sammlungen sind in Kapitel gegliedert, welche je einen Aspekt des geistlichen Lebens behandeln. Die Gliederung der vorliegenden Auswahl lehnt sich daran an.

Begriffserklärungen

Wort

Viele Geschichten beginnen damit, dass ein Schüler seinen → Abba um ein Wort bittet. Dieses Wort ist das Bindeglied zwischen den beiden Personen und symbolisiert die Hilfe und das Heil, welches der Schüler erhält. Für die Wüstenväter spiegelt sich in diesem Vorgang die Heilsgeschichte: Das heilende Wort Gottes an die Menschen ist Jesus, daher kommt alles Heil der Welt. Spricht Jesus ein Wort, wird der Mensch gesund (Mt 8,8). Ein heilendes Wort für einen Schüler geht immer von Gott aus und wird vom Abba für den Schüler von Gott erbeten. Manchmal braucht der Abba lange, bis ihm das Wort geschenkt wird und er es an seinen Schützling weitergeben kann.

Wüste

Im Wort «Wüste» schwingen verschiedene religiöse und soziale Aspekte mit:

1. Die Wüste als Ort der Bedrohung. Unter der heissen Sonne ist man dem Hunger und Durst ausgeliefert. Gesetzlose Räuber und Banditen hausen in der Wüste, und nicht zu vergessen, auch die Dämonen.

2. Die Wüste als Ort der Erwählung und der Begegnung mit Gott: Gott offenbarte sich in der Wüste dem Mose, und Israel wurde erwählt. Auch Jesus oder Johannes zogen sich in die Wüste zurück, um mit Gott zu sein.

3. Die Wüste als Ort der Bewährung: Gott bewies in der Wüste seine Treue zu Israel; er ernährte und führte dieses Volk. Hier musste auch Israel seine Treue zu Gott beweisen. Jesus wurde in der Wüste vom Teufel versucht und er erwies sich als treu zum Vater.

Begriffserklärungen

Wüstenmütter

Die Wüstenväterbewegung entstand am Rand der Gesellschaft. → Mönche, die aus verschiedenen Gründen aus dem sozialen Geflecht herausgefallen waren, zogen sich in die Wüste zurück, sammelten sich dort und bildeten eine Gegengesellschaft. Die entsprechenden Frauengemeinschaften sind älter: Schon im Neuen Testament werden die christlichen Gemeinden angewiesen, Kommunitäten für Witwen zu organisieren (1Tim 5), in die früh auch unverheiratete Frauen aufgenommen werden. Während die Wüstenväter allein oder in Gruppen in der Wüste wohnen, leben Wüstenmütter in der Regel in Gemeinschaften in den Dörfern und Städten am Nil. Einige von diesen Frauen sind namentlich bekannt und haben Sprüche hinterlassen, wie Amma Sarha oder Amma Synkletika. Von anderen sind Erzählungen erhalten geblieben, etwa in der Historia Lausiaca.

Ein Mönch namens Jesaja erstellte im 12. und 13. Jahrhundert eine Sammlung von Wüstenmüttersprüchen, um sie als geistliche Lektüre Frauenklöstern zur Verfügung zu stellen. Analog zu den Wüstenvätersprüchen, die auf Griechisch «Gerontikon» genannt werden («Geron» bedeutet Greis, Alter) nannte er seine Sammlung an Wüstenmüttersprüchen «Meterikon», von «Meter», Mutter.

Zelle (Kellion)

Das Wort Zelle lässt an Bienenwaben oder Gefängniszellen denken, doch eigentlich ist genau das Gegenteil damit gemeint. Eine Zelle ist eine Höhle, Zelt oder Hütte in einfachster Form. Wenn mehrere Mönche zusammen leben, dann wird Wohn-, Arbeits- und Gebetsraum getrennt. Meist ist das Ganze von einem Zaun oder einer Mauer umgeben, vielleicht eine Palme dazu oder ein kleines dürres Feld. Wasser

Begriffserklärungen

ist nur in den seltensten Fällen in der Nähe und muss von weit her angeschleppt werden. Die Zelle ist nicht nur ein Wohnort, sie ist auch ein wichtiges Mittel des → geistlichen Trainings. Das «bei sich bleiben können» ist für die Wüstenväter Grundlage für jede weitere spirituelle Entwicklung. Bei einer geistlichen Krise darf ein Mönch Fasten, Arbeiten, Schweigen und sogar das Beten aufgeben. Er muss einzig versuchen, bei sich in der Zelle zu bleiben und soll nicht herumirren.

Bücher zum Thema

Zu den Wüstenvätern und den Wüstenmüttern sind Berge von Büchern geschrieben worden, und es werden immer mehr. Die folgende kommentierte Auswahl ist als Orientierungshilfe in dieser Fülle an Büchern gedacht.

Die Weisungen der Väter (Apophthegmata Patrum)

Als wichtigste Quelle der Spiritualität der Wüstenväter gelten die → «Weisungen der Väter» (Apophthegmata Patrum) mit ihren drei Sammlungen. Die erste deutsche Übersetzung der alphabetischen Sammlung stammt vom Benediktiner Bonifaz Miller (1920–1988). Miller stütze sich auf die nach Namen geordnete griechische Spruchsammlung (Alphabetikon), die der Pariser Professor Jean-Baptiste Cotelier im Jahr 1677 veröffentlichte. Das handliche Buch erscheint seit 1965 in immer neuen Auflagen:

> Bonifaz Miller, Apophtegmata Patrum, auch Gerontikon oder Alphabeticum genannt (Sophia 6), Trier 2018.

Die Mönchin Irinea, die in einem Kloster in Chania (Kreta) lebt, übersetzte die nach Themen geordnete Sammlung in die deutsche Sprache. Als Grundlage diente ihr die vierbändige Edition, die in Thessaloniki 1994–1999 erschien.

> Irinea, Das grosse Gerontikon: Die Sprüche der heiligen Wüstenväter, Thematische Sammlung, Nauen 2009.

Erich Schweitzer (1943–2011), ehemaliger katholischer Priester und späterer Familienvater, entschloss sich 2005 zu einer auf drei Bände angelegten Neuausgabe der Apophthegmata Patrum. Davon konnten wegen des frühen Todes nur zwei Bände erscheinen. Der erste Band mit dem Alphabetikon verwendet Jean-Baptiste Cotelier als Grundlage, für den zweiten Band mit der anonymen Sammlung verwendete er die Kollektion, die der französische Benediktiner Lucien Regnault unter dem Titel «Les sentences des Pères du désert» in sechs Bänden 1966–1992 herausgab.

Erich Schweitzer, Apophthegmata Patrum.
Teil 1: Das Alphabetikon – die alphabetisch-anonyme Reihe (Weisungen der Väter 14), Beuron 2012.
Teil 2: Die Anonyma (Apophthegmata Patrum ausserhalb des Alphabetikons) (Weisungen der Väter 15), Beuron 2011.

Neben diesen Gesamtausgaben in deutscher Sprache gibt es viele kleinere und grössere Werke mit einer Auswahl. Davon möchte ich nur eines erwähnen:

Yushi Nomura / Henri J. M. Nouwen, Weisheit aus der Wüste (Herder Spektrum 7201), Freiburg i. Br. 2016.

Das Buch enthält nur wenige Sprüche, diese sind jedoch von Henri J. M. Nouwen gut ausgewählt und jeweils mit einer Tusche-Zeichnung im Zen-Stil von Yushi Nomura versehen.

Weitere antike Quellen

Wer es wagen möchte, mit eigenen Augen zu lesen, was Zeitgenossen mit den Wüstenvätern erlebt haben, dem seien folgende antike Quellen empfohlen:

Bischof Athanasius hat nur ein Jahr nach dem Tod des Antonius dessen Biografie geschrieben.

Athanasius, Vita Antonii / Das Leben des hl. Antonius. Eingeleitet, übersetzt und kommentiert von Peter Gemeinhardt (Fontes Christiani 69), Freiburg 2018.
Eine ältere deutsche Übersetzung ist in meiner Bibliothek der Kirchenväter im Internet zu finden: https://bkv.unifr.ch/de/works/cpg-2101/.

Der kaiserliche Kämmerer Lausus hat einen Freund namens Palladius, den er finanziell unterstützt, damit er auf eine Exkursion zu den Wüstenvätern gehen kann. Im Gegenzug schreibt Palladius für Lausus einen Exkursionsbericht. Es scheint, dass Lausus und Palladius etwas sensationslüstern waren, was dazu führt, dass der Bericht weniger geistlich erbauend denn unterhaltsam zu lesen ist.

Palladius, Historia Lausiaca / Geschichten aus dem frühen Mönchtum. Übersetzt und kommentiert von Adelheid Hübner (Fontes Christiani 67), Freiburg 2016.
Eine ältere deutsche Übersetzung ist in meiner Bibliothek der Kirchenväter im Internet zu finden: https://bkv.unifr.ch/de/works/cpg-6036/.

Evagrius Pontikos war ein hochgebildeter Redner, bevor er Anachoret wurde. Er hat versucht, mit griechischem Geist die Spiritualität der Wüste zu durchdringen. Seine Werke bestehen ebenfalls aus kurzen Sätzen, hinter denen eine durchdachte Systematik und eine einheitliche Terminologie stehen. Gabriel Bunge, der heute als Anachoret in den Tessiner Bergen lebt, hat zahlreiche Werke von Evagrius übersetzt und kommentiert.

Evagrius, Über die acht Gedanken. Eingeleitet und übersetzt von Gabriel Bunge (Weisungen der Väter 3), Beuron 2011.
Evagrius, Der Praktikos: (Der Mönch). Hundert Kapitel über das geistliche Leben. Eingeleitet und kommentiert von Gabriel Bunge (Weisungen der Väter 6), Beuron 2011.

Evagrius, Ad monachos, ad virginem / Der Mönchsspiegel, der Nonnenspiegel. Eingeleitet und übersetzt von Christoph Joest (Fontes Christiani 51), Freiburg i. Br. 2012.

Irgendwann im fünften Jahrhundert kommt die Legende von der Wüstenmutter Maria auf. Wie viel daran wahr ist, weiss niemand. Dennoch ist ihre Geschichte durch all die Jahrhunderte immer wieder neu erzählt worden.

Gertrude Sartory / Thomas Sartory, Maria von Ägypten – Allmacht der Busse (Herderbücherei 977), Freiburg i. Br. 1982.

Zur Spiritualität

Carlo Carretto (1910–1988) lebte nach einem turbulenten weltlichen Leben zehn Jahre als Anachoret in der Wüste. Von dort schreibt er Briefe nach Hause über seine Erfahrungen mit Sand, Sonne, der Stille und mit Gott. «Das grösste Geschenk der Sahara für mich ist Beten», meint er.

Carlo Carretto, Wo der Dornbusch brennt. Lebenswissen aus der Wüste, Freiburg i. Br. 2001.

Anselm Grün braucht man wohl kaum mehr vorzustellen. Von ihm gibt es einige Bücher zum Thema Wüstenväter. Beim ersten Buch geht es um die Kunst der geistlichen Begleitung, wie sie die Wüstenväter gepflegt haben. Grün zeigt zunächst die Voraussetzungen für den geistlichen Vater auf und stellt dann die verschiedenen Methoden dar, mit denen die Novizen angeleitet wurden.

Anselm Grün, Geistliche Begleitung bei den Wüstenvätern (Münsterschwarzacher Kleinschriften 67), Münsterschwarzach 2013.

Daniel Hell war Professor für klinische Psychiatrie und Direktor der psychiatrischen Uniklinik in Zürich. Er zeigt auf, dass die Wüstenväter viele seelische Einsichten hatten, die sich mit moderner Psychologie decken. Ein Schwerpunkt des Buchs liegt auf dem Umgang mit Ärger, Scham und Depression.

> Daniel Hell, Die Sprache der Seele verstehen. Die Wüstenväter als Therapeuten (Spektrum 5191), Freiburg i. Br. 2019.

«Als ich daran ging, diesen Text zu schreiben, wollte ich, dass er eine klare Erklärung des spirituellen Wegs für ganz normale Menschen sein sollte.» So beginnt das Buch des amerikanischen Mönches Gregory Mayers. Jedes Kapitel ist eine Auslegung eines Spruches der Wüstenväter. Mayers behandelt so die zentralen Themen ihrer Spiritualität, u. a. die Frage nach der eigenen Identität, die Aufforderung zur Wachsamkeit und die Suche nach Gott.

> Gregory Mayers, Weisheit aus der Wüste (Schriften zur Kontemplation 12), Münsterschwarzach 2002.

Der Jesuit Michael Schneider ist ein bekannter geistlicher Begleiter. Sein Buch beruht auf seinen Erfahrungen als Exerzitienmeister und ist eine gute Anleitung für Kurse zur Spiritualität der Wüste. Leider ist das Buch vergriffen und nur noch in Bibliotheken zu finden.

> Michael Schneider, Aus den Quellen der Wüste. Die Bedeutung der frühen Mönchsväter für eine Spiritualität heute (Edition Cardo 91), Köln 1989.

Eines der schönsten Bücher zu den Wüstenvätern hat der englische Professor Derek Webster geschrieben, als er in der Wüste eigentlich an einem archäologischen Werk hätte sitzen sollen. In seinem Buch erzählt er in der Form von Vätergeschichten die Erlebnisse des Abba Nikolaus und seines Schülers, und flechtet vieles der Spiritualität der Wüstenväter in seine Geschichten ein.

> Derek Webster, Der Abt und sein Zwerg. Weisheiten aus der Wüste, Augsburg 1998.

Wer des Englischen mächtig ist, dem sei das Buch von Rowan Williams empfohlen. Dem ehemaligen Erzbischof von Canterbury gelingt eine Aktualisierung der Wüstensprüche für spirituell Suchende von heute.

> Rowan Williams, Silence and Honey Cakes. The wisdom of the desert, Oxford 2004.

Die beiden Lutheraner Günter Schulz und Jürgen Ziemer, der eine Professor für Kirchengeschichte, der andere Professor für praktische Theologie, verbinden in ihrem Buch Geschichtswissenschaft und Spiritualität. Sie stellen darin wissenschaftlich fundiert die Kontexte des Wüstenmönchtums dar und unternehmen es, die religiösen und ethischen Impulse für unsere Gegenwart fruchtbar zu machen.

> Günther Schulz und Jürgen Ziemer, Mit Wüstenvätern und Wüstenmüttern im Gespräch, Göttingen 2010.

Historische Aspekte

Es gibt einige Historikerinnen und Historiker, die zur Geschichte des frühen Mönchtums publiziert haben. Leider sind ihre Werke für Nicht-Spezialisten nicht immer zugänglich. Doch es gibt Ausnahmen:

> Jacques Lacarrière, Die Gott-Trunkenen, Wiesbaden 1967.
> Lucien Regnault, La vie quotidienne des pères du désert en Egypte au IVe siècle, Paris 1990.

Eine populärwissenschaftliche und manchmal etwas reisserische Annäherung an das Thema, dafür leicht und witzig zu lesen ist das folgende Buch:

> Hans Conrad Zander, Als die Religion noch nicht langweilig war. Die Geschichte der Wüstenväter, Köln 2011.

Bücher zum Thema

Spielerische Annäherung

Während der Corona-Pandemie haben die Mönche von Taizé ihre Zeit genutzt und ein Brettspiel zu den Wüstenvätern und Wüstenmüttern entwickelt. Kellia ist ein Kooperationsspiel, das geistliches Leben, gegenseitige Hilfe und Ökologie verbindet.

> Kellia: The Risk of the Desert, 2021.

Zu dieser Sammlung

Die vorliegende Sammlung wurde 2002 für einen Kurs zu den Wüstenmüttern und -vätern zusammengestellt, den meine Frau und ich im Campo Rasa im Centovalli veranstalteten. Der Text wurde für die Neuausgabe im Theologischen Verlag Zürich überarbeitet und ergänzt.

Meine Übersetzung hat zum Ziel, gelesen, verstanden und meditiert zu werden. Gelegentlich bin ich recht frei und vermeide Unleserlichkeiten, Wiederholungen und Missverständlichkeiten, die eine wörtliche Wiedergabe mit sich bringen würde. Viele Sprüche beginnen mit «Abba Soundso» oder «Amma Soundso hat gesagt». Ich habe dies weggelassen. Wer eine Übersetzung sucht, die sich möglichst nahe am Ursprungstext hält, dem seien die erwähnten Arbeiten der Mönchin Irinea und Erich Schweitzers empfohlen.

Die meisten Sprüche der Sammlung sind aus der griechischen, lateinischen und koptischen Apophthegmata Patrum übersetzt:

> Jean-Baptist Cotelier, Alphabeticum, Paris 1677, in: Jean-Baptist Migne (Hg.), Patrologia Graeca Bd. 65, Paris 1858, 71–440.
> Heribert Rosweyde, Vitae Patrum, Antwerpen 1615, in: Jean-Baptist Migne (Hg.), Patrologia Latina Bd. 73, Paris 1850, 855–1022.
> Marius Chaîne, Le manuscrit de la version copte en dialecte sahidique des Apophthegmata Patrum, Le Caire 1960.
> Jean-Claude Guy, Les apophtegmes des pères. Collection systematique (3 vols.), Paris 1993–2005 (sources chrétiennes 387, 474, 498).

Zu dieser Sammlung

Weitere Sprüche sind den Werken von Evagrius oder Palladius entnommen (siehe oben).

Bibelzitate folgen der Zürcher Bibel von 2007.

Zeittafel

Staat und Kirche		Wüstenväter und Wüstenmütter	
249–251	Grosse Christenverfolgung	251	Abba Antonius wird geboren
		271	Abba Antonius geht in die Wüste
		292	Abba Pachom wird geboren
303–311	Letzte grosse Verfolgung		
313	Christentum wird im Reich toleriert Konstantin wird Alleinherrscher	320	Abba Pachom gründet das erste Kloster
324	Konzil von Nizäa		
330	Konstantinopel wird Hauptstadt		
337	Konstantins Taufe und Tod	346	Abba Pachom stirbt an der Pest
		356	Tod des Abba Antonius
		357	Athanasius schreibt die Biografie des Abba Antonius
361–363	Kaiser Julian kehrt zum Heidentum zurück	373	Melania und Rufin in Ägypten

Zeittafel

Staat und Kirche		Wüstenväter und Wüstenmütter	
380	Christentum wird alleinige Religion des Reichs	383	Paula und Hieronymus reisen nach Ägypten Ankunft von Evagrius und Cassia
386	Augustinus bekehrt sich	389	Simeon der Säulensteher wird geboren
		390	Tod des Abba Pambo
392	Kaiser Theodosius ver-bietet das Öffentliche Heidentum		
393	Verbot der olympischen Spiele	394	Wüstenexpedition des Rufin
		407–408	Verwüstung der Nitria
410	Die Westgoten plündern Rom	410	Tod Abba Moses des Äthiopiers
		419	Reisebericht des Palladius für den Kämmerer Lausus; er erwähnt ca. 5000 Mönche in der Wüste
431	Konzil von Ephesus		
451	Konzil von Chalcedon Der Hunne Attila in Italien	450	Abba Poimen stirbt mit 110 Jahren
455	Die Vandalen plündern in Rom		
529	Kaiser Justinian schliesst Platons Philosophenschule	529	Benedikt von Nursia gründet sein Kloster und schreibt eine Regel. Sein Vorbild ist Abba Pachomius. Er wird zum Vater des westlichen Mönchtums.
570	Mohammed wird geboren		